CIUDAD Y POLÍTICA
El lugar de la democracia en un mundo globalizado
Un ensayo sobre la politeia aristotélica

Fortunato José González Cruz

CIUDAD Y POLÍTICA
EL LUGAR DE LA DEMOCRACIA EN UN MUNDO GLOBALIZADO
UN ENSAYO SOBRE LA POLITEIA ARISTOTÉLICA

Editorial Jurídica Venezolana
Caracas, 2019

©   Fortunato José González Cruz
Todos los derechos reservados
Email: morochodos@gmail.com
Depósito Legal: DC2019000904
ISBN: 978-980-365-466-5

Editado por: Editorial Jurídica Venezolana
Avda. Francisco Solano López, Torre Oasis, P.B., Local 4,
Sabana Grande,
Apartado 17.598 - Caracas, 1015, Venezuela
Teléfono 762-25-53, 762-38-42. Fax 763.5239
http://www.editorialjuridicavenezolana.com.ve
Email fejv@cantv.net

Impreso por: Lightning Source, an INGRAM Content company
para: Editorial Jurídica Venezolana International Inc.
Panamá, República de Panamá.
Email: ejvinternational@gmail.com

Diagramación, composición y montaje
Por: Mirna Pinto, en letra
Times New Roman 14, Interlineado 16, mancha 11.5x18

La ciudad, tal y como la encontramos en la historia, es el punto de máxima concentración del poder y la cultura de una comunidad.

Es el lugar donde los rayos difusos de muchas y diferentes luces de la vida se unen en un solo haz, ganando así tanto en eficacia como en importancia social. La ciudad es la forma y el símbolo de una relación social integrada: es el lugar donde se sitúan el templo, el mercado, el tribunal y la academia. Aquí, en la ciudad, los beneficios de la civilización son multiplicados y acrecentados.

Es aquí donde el ser humano transforma su experiencia en signos visibles, símbolos, patrones de conducta y sistemas de orden. Es aquí donde se concentran los esfuerzos de la civilización y donde en ocasiones el ritual se transforma en el drama activo de una sociedad totalmente diferenciada y consciente de sí misma.

Lewis Mumford

PALABRAS LIMINARES

Fortunato J. GONZÁLEZ CRUZ, meritorio catedrático venezolano, miembro de la Academia de Mérida, deja en nuestras manos su más reciente ensayo, escrito a profundidad: Ciudad y Política, con un subtítulo que dice mucho y representa un desafío a la inteligencia, en un momento de fractura profunda, como la que se advierte, en las raíces de la cultura occidental.

No olvidemos que como hijos del Mundo Nuevo somos tributarios de éstas. A lo largo de trescientos años penetran en nuestro cuerpo núbil de amerindios, por más autóctonos que pretendamos ser y declararnos después de 1812; incluso aceptándonos como desprendimiento de lo hispano, a pesar de que la cultura española, como lo afirma Ortega y Gasset, sea una cultura impresionista: "Todo genio español ha vuelto a partir del caos, como si nada hubiera sido antes".

¡Y es que fuera de nuestra "psicología de adanes" aún presente y heredada, algo adicional queda en nosotros de la antigua Patria Madre que se nutre de lo griego, no solo de lo romano!; y tanto se nos traslada ese gen que, revisada nuestra historia colonial, puede constatarse que tenemos un concepto de la vida y un talante cultural propios, virtudes que nos afirman "no para sustituir la espontaneidad vital, sino para asegurarla", como lo dice Ortega y Gasset.

El tránsito agonal, más que agonioso, que vivimos los occidentales arriesga hoy la pérdida de nuestro ethos, ya que junto a nuestro ingreso a la llamada cuarta revolución industrial, que acelera la globalización y derrumba las fronteras entre la materialidad y la virtualidad de lo digital, ahora sujeta, incluso, a la esencia biológica del planeta; al punto de romper paradigmas sobre el origen del hombre y su naturaleza. El efecto no podría resultar más devastador si, a tiempo, no le encontramos cauces u odres apropiados a la idea de la relatividad que se impone a todo trance y por obra de lo señalado.

He vuelto varias veces, en algunos escritos míos, sobre el lúcido debate que sostuvieran en la Academia Católica de Baviera, Jürgen Habermas y Joseph Ratzinger en 2004, sobre las bases morales pre-políticas del Estado liberal, recogido luego en un opúsculo que se hace célebre: Diálogo entre la razón y la fe. Aquél, señala la autosuficiencia del mismo Estado, hijo de la razón ilustrada, para resolver dentro de sí y por sí mismo, en el marco de la Constitución y de sus procedimientos, las contradicciones y deficiencias que le puedan aquejar a la sociedad. Éste, por su parte, al destacar el quiebre ético, la pérdida de discernimiento entre lo bueno y lo malo de cara a los fenómenos de la globalización y del poder actual de la ciencia, que optan, ambas, por el citado relativismo, por el todo vale, reclama como tarea de las culturas y en contrapartida "un universal proceso de purificaciones en el que finalmente los valores y normas conocidos de alguna manera o barruntados por todos los hombres lleguen a recobrar una nueva capacidad de iluminación".

González Cruz, también correspondiente de la Academia de Ciencias Políticas y Sociales de Venezuela y autor del libro El gobierno de la ciudad (2014), trabaja su escrito mirando hacia el porvenir, arbitrando el método de la vuelta a nuestros orígenes –apela a las enseñanzas de Aristóteles– y destaca lo que nos queda de sustantivo; lo que mal puede admitirse que desaparezca como experiencia de lo humano, como realidad primaria si se quiere, a saber, la de la ciudad.

Sin la ciudad muere la política y no es concebible la democracia. "La ciudad es una de las mejores obras del hombre y es y será sin duda su hábitat fundamental", afirma aquél, tanto como podemos decir nosotros que el Estado que las reúne es un artificio medieval que despliega sus alas durante la modernidad y se debilita tras los desafíos del siglo XXI; cosa distinta, cabe advertirlo, de la ciudad-comunidad griega mal llamada ciudad-Estado, desconocido éste para entonces y cuya naturaleza y teleología acaso se han perdido bajo los fueros de El Leviatán. "Puesto que vemos que toda ciudad-Estado es una cierta comunidad y que toda comunidad se constituye en busca de algún bien (pues todos actúan siempre en vista de lo que creen que es bueno), resulta claro que todas las comunidades están orientadas hacia algún bien, y especialmente hacia el supremo entre todos los bienes se orienta aquella que es suprema entre todas las comunidades y abarca a todas las otras. Esta es la que se llama ciudad-Estado y comunidad política [koinonía politiké]", según el estagirita. La pérdida de ese hondón, qué duda cabe, es lo que determina su agonía, por seguir siendo un simple esqueleto sin alma, la cárcel de la ciudadanía.

De modo que, al considerar este texto lúcido de González Cruz, fácil es advertir lo que se sabe y se olvida como fundamental, es decir, que "la ciudad consolida la familia como núcleo y les aporta a los humanos el lugar, espacio, territorio, hábitat o *urbs* para su desarrollo como especie, para fortalecer su dimensión genérica. A partir de entonces la ciudad es el lugar para asegurar su subsistencia, anidar sus afectos; comunicarse, desarrollar y darle asiento a la sociedad, y establecer el taller donde forja su cultura".

En medio del tsunami que causa la anomia global y la realidad digital, que relaja las seguridades de todos y que mal pueden resolverse, por ser inédito e inevitable el fenómeno, dentro de los estrechos marcos de la razón objetiva y constitucional, cabe preguntar si ¿acaso no es predecible que los ex ciudadanos o huérfanos de la patria de bandera común –lo decimos con Miguel de Unamuno– busquen cobijo, entre tanto, en sus patrias de campanario? Las raíces del hogar, la ciudad, el municipio, sirven, en efecto, como asidero o punto de apoyo inestimable a quienes, con criterio aguzado, pretendan renovarse y participar como actores de la Humanidad totalizante.

De cara a lo nuestro, no huelga observar que el orden constitucional que se nos impone en 1999, a partir de la felonía que es origen de la tragedia venezolana corriente, lo primero que hace es anular la autonomía del municipio. Destruye el acotamiento que nos da el perfil como nación. Es la ciudad, justamente, nuestra primera escuela de la libertad, antes de que formásemos provincias y nos diésemos la Constitución Federal de los Estados de Venezuela, en 1811.

La publicación del ensayo del profesor González Cruz dentro de la colección de Cuadernos de la Cátedra Mezerhane sobre Democracia, Estado de Derecho y Derechos Humanos, que editan el Miami Dade College y la Editorial Jurídica Venezolana International, enriquece la bibliografía que le sirve de apoyo para sus actividades docentes, de investigación y de divulgación. Le damos, por tanto, la bienvenida y expresamos nuestro sentido agradecimiento a su autor.

PROF. ASDRÚBAL AGUIAR, JD
Miami Dade College, mayo 24, 2019

INTRODUCCIÓN

La ciudad es un desafío a la imaginación. Aun cuando corra el riesgo de perderme en idealizaciones y fantasías, que trataré de controlar por respeto a la objetividad científica, entro en la aventura de buscar la *politeia* aristotélica como ideal, tratando de encontrar, mediante el método weberiano, a la ciudad, a la asociación creada por los hombres porque es buena para alcanzar su felicidad, el lugar idóneo de la existencia humana y que significa una responsabilidad compartida por sus habitantes. La ciudad es el espacio donde el hombre realiza su existencia y el más adecuado para disfrutar los derechos que le son inherentes a su condición humana, entre ellos los primeros: el de vivir a plenitud, desarrollar su personalidad en libertad y gozar de sus bienes mediante el ejercicio de sus derechos.

Es la *urbs* en el más puro sentido romano, aun cuando al usar esta palabra se hace énfasis en el espacio construido, el sistema urbano como conjunto de infraestructuras. También es la *civitas,* aun cuando esta palabra se refiere más al ámbito de la ciudadanía, a la cultura urbana, a la pertenencia a la *urbs.* En fin, también vale la palabra *polis,* más para acentuar en el gobierno de la *urbs* o de la *civitas,* por lo cual en este trabajo preferimos esta última, la *polis,* como ámbito construido donde viven unos ciudadanos con sentido de pertenencia, responsabilidades y sobre el que gobiernan. No es tan preciso el concepto de *hábitat* por la idea genérica que expresa al referirse al ecosistema adecuado para una determinada especie, aunque se puede admitir que la ciudad es el *hábitat* que la especie humana ha construido para vivir mejor. Es el hombre el que ha asumido la ciudad como su lugar para vivir, por lo cual tiene con ella deberes, obligaciones y goza de derechos. Cuestiones éticas, sin duda. En la ciudad se guarda la nostalgia por el campo, y ahora más que nunca lo trae a ella tanto por añoranza, como porque la vegetación y el agua fresca le proporcionan un bálsamo en medio del cemento, del metal y del plástico.

Para Aristóteles, dice Fernando Savater (2008, p. 36), la ética es una reflexión sobre la acción humana en búsqueda de la libertad. Para ello, dice, tenemos que intentar desarrollar las virtudes, es decir, los hábitos que nos dan fuerza, que nos ayudan a vivir mejor en el lugar natural de la existencia ahora, a comienzos del siglo XXI, que es la ciudad. Teilhard de Chardín (2008) nos advierte que… "la marcha de la Humanidad, al prolongar la de todas las demás formas animadas, se desarrolla indudablemente en el sentido de una conquista de la Materia puesta al servicio del Espíritu. Poder más para actuar más. Pero finalmente, y por encima de todo, actuar más para llegar a ser más." Líneas más adelante agrega lo siguiente: "Si existe para la Humanidad un porvenir, este porvenir no puede

ser imaginado más que en la dirección de una conciliación armónica de lo Libre con lo Planeado y lo Totaliza-
do. Distribución de los recursos del globo. Regulación de
la salida hacia los espacios libres. Utilización óptima de
las potencialidades liberadas por la Máquina. Fisiología
de las naciones y de las razas. Geo-economía, geo-
política, geo-demografía. La organización de la Investigación ampliándose hacia una organización racionalizada
de la Tierra. Lo queramos o no, todos los indicios y todas
nuestras necesidades convergen en el mismo sentido: nos
hace falta, y estamos de manera irresistible en plan de
edificarla, por medio y más allá de toda Física, de toda
Biología y de toda Psicología, una Energética humana."
(p. 139-140)

Nos adscribimos a la corriente optimista que enlazan
sabios tan distantes en el tiempo como Aristóteles y
Teilhard de Chardín, conscientes de que la humanidad
seguirá cargando a cuestas la enorme responsabilidad de
ir construyendo sus espacios precisamente por ser humanidad. También en la "perspectiva integrativa" de la política a la que se refiere el politólogo José Antonio Rivas
Leone (2015, p. 99) La ciudad es un ilimitado desafío a
la potencialidad de la inteligencia humana que pasan a
ser muy exigentes más en calidad que en volumen, como
es natural, por ser el lugar más inmediato.

I. LOS PROCESOS DE CONFORMACIÓN DE LA CIUDAD

Algunas ideas expuestas con anterioridad en mi libro "El gobierno de la ciudad" (2014) son útiles para hacer una breve referencia al origen de la ciudad con énfasis en su naturaleza política y tendencia humanizante. Escribí entonces que la ciudad comienza su historia alrededor del fuego, cuando el grupo lo domina y apropia para proveerse de calor, de luz y defensa de los ataques de otros humanos y de los animales, luego para cocinar los alimentos. Aquellos pueblos originarios adoraban el fuego como un dios protector, conscientes de que la existencia dependía de su generosidad para brindar luz y calor. El desarrollo de la inteligencia les permitió ampliar conocimientos, como dominar el fuego y abrigarse, y continuar el largo e inacabado trabajo cultural hasta aprender a sembrar las semillas y cosechar los frutos. Teilhard de Chardín escribió que el primer compromiso del hombre con Dios y su gran desafío es el desarrollo de su cerebro, que alcanzó hitos fundamentales cuando supo quién es, quienes sus semejantes, quienes los animales y las plantas y los demás elementos de su entorno. Por ello puso nombres y surgió el lenguaje, un acontecimiento fundamental en la historia de la civilización que, se puede decir sin exagerar, marca un comienzo. Aquellos grupos humanos eran trashumantes, y son el dominio del fuego y el cultivo de la tierra hechos tecnológicos que les permitió avanzar en el proceso civilizatorio y quedarse en un lugar para convertirlo en su hábitat, construir viviendas una al lado de las otras y espacios comunes para compartir, mecanismos colectivos de defensa e inventar nuevas relaciones de intercambio ya comenzado el largo proceso de socialización, que son los fundamentos de la ciudad desde aquellos momentos hasta hoy.

Las comunidades primitivas escogieron un sitio como emplazamiento de la ciudad y allí se quedaron, lo transformaron en lugar mediante el largo proceso geohistórico en el que se conjugaron la naturaleza y la acción transformadora del hombre para establecer su hogar y modelar su cultura. Allí se forma la comunidad, que es el germen de la ciudad. Luego crea normas que le aseguran el establecimiento de un orden que facilita la convivencia, la solución pacífica de sus conflictos, un ambiente propicio para el desarrollo de la personalidad de cada uno de sus miembros, y la conformación y el ejercicio de una autoridad que administre el poder. Allí se forma la pareja y se constituye la familia como eje del proceso civilizatorio hasta hoy.

Ya constituida la comunidad, la ciudad y consolidada la familia, se perfecciona el proceso que socializa al individuo, que comienza desde el momento de la concepción, que no tendrá las mismas consecuencias si fue un acto de amor o de violencia; continúa durante la gestación que tampoco será igual si la mujer ama u odia, goza o sufre, se alimenta bien o pasa hambre; y se abre a la plenitud de la interacción social cuando sus sentidos le muestran un entorno apacible o violento, abundante o miserable, amable o grosero, y alguien, preferiblemente la madre, asume el papel del alfarero. Abundan los estudios sobre la importancia de la calidad de los procesos de interacción y socialización para la conformación de las conductas individuales y de grupo. Es la sociedad, mediante el amasado cotidiano en el seno de la familia, la que modela la persona de bien o el delincuente, tal como lo ha demostrado en estudios de caso en barrios marginales de Caracas el sacerdote salesiano, psicólogo, filósofo, profesor de la UCAB y director del Centro de Investigaciones Populares, Dr. Alejandro Moreno.[1]

La ciudad consolida la familia como núcleo y les aporta a los humanos el lugar, espacio, territorio, hábitat o *urbs* para su desarrollo como especie, para fortalecer su dimensión genérica. A partir de entonces la ciudad es el lugar para asegurar su subsistencia, anidar sus afectos; comunicarse, desarrollar y darle asiento a la sociedad, y establecer el taller donde forja su cultura. Con los siglos se ha transformado el instrumental tecnológico, pero los componentes de la ciudad en lo esencial siguen en el siglo XXI siendo los mismos: tierra, agua, aire y fuego; una población que la habita, unos modos de relacionarse con Dios, espacios íntimos y espacios públicos. Defino a la ciudad en los siguientes términos: La ciudad es un sistema complejo de relaciones personales, sociales e institucionales que se realizan en infraestructuras, dentro de

---

[1] El padre Alejandro Moreno ha publicado los resultados de más de 25 años de investigación con viviendo en un barrio marginal de Caracas. Dirige el Centro de Investigaciones Populares donde se pueden consultar sus obras en la siguiente dirección: http://centrodeinvestigaciones populares.blogspot.com

un orden normativo establecido por sus habitantes. También es un relato, el discurrir de una existencia con modos de relaciones sociales, económicas y culturales que le imprimen una identidad. Por ello la historia y su hermana menor, la crónica, son esenciales para conocerla.

La vida en la ciudad requiere normas de convivencia que supone unos valores individuales, familiares y comunitarios que son los presupuestos indispensables de la organización política. Así, surgen en un primer momento las pautas de comportamiento no diferenciadas, hasta que una larga evolución le permitió distinguir entre lo social, lo religioso, lo moral, lo político y lo jurídico, y experimentar los diversos sistemas de dominación o autoridad que mucho más tarde Max Weber (1964) clasificó en racionales, tradicionales y carismáticos. Todas pueden tener una base de legitimidad, que para el autor alemán es una creencia y para las doctrinas más modernas el resultado de la percepción colectiva de que la autoridad ha tenido un origen legítimo y se ejerce para el bienestar y la prosperidad del pueblo conforme a reglas jurídicas. Así lo destacó el pensamiento clásico, el escolástico, el enciclopedismo y la ciencia jurídica del siglo XX. Destaco sólo a Aristóteles, Francisco Suarez (1979) y Jürgen Hábermas (2010), por representar tres épocas y por su utilidad para ver el concepto de legitimidad más desde la perspectiva filosófica, política y sociológica que puramente jurídica. La autoridad legítima será obedecida y la ilegítima tendrá que apelar a la arbitrariedad si se quiere imponer. No obstante, en la ciudad, como en ningún otro ámbito político, sólo es válido y legítimo el gobierno democrático, plural, transparente, eficaz y cercano, el gobierno de la *polis,* de la *civitas* por sus ciudadanos. Este es, a fin de cuentas, uno de los logros del proceso civilizatorio, constantemente sometido a amenazas de los mismos enemigos de siempre, pertrechados con nuevas tecnologías.

Son, generalmente, los padres de familia quienes inicialmente conformaron la autoridad de la ciudad originaria en un proceso lento de transformación de un espacio vital de sobrevivencia en un ámbito humanizante que hace o que permite y facilita el desarrollo de la condición humana, de la civilización, del desarrollo de la inteligencia, de la creación de una comunidad política que dicta normas especializadas en el establecimiento de unas condiciones de vida entre sus habitantes. Esas normas son el producto de la convivencia en ese lugar y en sus circunstancias. Las normas no deben venir de afuera, sino ser el producto de la experiencia en la construcción del colectivo. Es en términos griegos la *politeia* y romanos la *civitas*. Este proceso civilizatorio puede ser pacífico, pero la historia muestra que lo más común es que esté sometido a la violencia, que se expresa en conflictos internos y externos, invasiones, conquistas, luchas por el poder, confrontaciones por privilegios e intereses contrapuestos. Tales conflictos y luchas tienen expresión local tanto en las normas como en las instituciones sociales, entre ellas las políticas. De hecho, el municipio es una institución que impuso el Imperio Romano en Europa a sangre y fuego, fue asimilado en el largo y lento período medieval, y adquirió tal grado de desarrollo que hoy es la forma universal de gobierno de las ciudades, salvo las excepciones impuestas por realidades particulares en determinadas sociedades tribales o teocráticas. No obstante, aún en estados teocráticos como los islamitas, en estados totalitarios de un solo partido como China, Corea del Norte, Cuba y más recientemente Venezuela, o en sociedades tribales, se reconocen algunas formas de instituciones locales, sin democracia o en extremo desnaturalizada, donde existen concejos y alcaldes en "municipios" cuyas normas les son impuestas por la autoridad central, o su producción local está sometida a ella, bien sea el Corán, la constitución o las demás leyes que provienen de la cúspide.

En el clásico libro de Fustel de Coulanges titulado *La ciudad antigua*, publicado en 1864, el autor se refiera al "espíritu municipal" (1997, p. 242 y ss.). Sostiene que el espíritu municipal o sentido de pertenencia a la ciudad surge y arraiga fuertemente porque cada ciudad tenía su propia religión y en consecuencia sus propias reglas, no habiendo en los tiempos antiguos distinción entre religión, moral y derecho. Eran excluyentes y antes que relaciones cordiales eran enemigas sin negarse ocasionalmente a establecer alianzas temporales. El nacido en la ciudad era ciudadano y en otra ciudad era extranjero y posiblemente esclavo. Esta situación se modificó con el tiempo y sin embargo la ciudad continuó como forma de organización social y es solo con las grandes transformaciones en la religión y en las costumbres cuando surgen imperios, siglos más tarde los estados nacionales y la autonomía de la ciudad se ve amenazada, aunque no totalmente derrotada y con la perspectiva de fortalecerse en este siglo XXI.

Este proceso de formación del municipio, su gobierno, sus instituciones y sus normas, se ve con gran claridad en los procesos del descubrimiento, conquista y colonización de Hispanoamérica, en un desarrollo que tiene sus antecedentes jurídicos en el repoblamiento en España durante la Reconquista, y continúa en la fundación de las ciudades del nuevo continente hasta años después de la formación de los nuevos estados nacionales. Hay que recordar que el Imperio Romano estableció en la Hispania el *"municipium"* con magistraturas elegidas como el senado, integrado por cien decuriones; duunviros, cuatorviros, ediles y prefectos. Estas instituciones fueron arrasadas durante el dominio musulmán que estableció un régimen religioso sin diferenciación con lo civil ni en la ley ni en la mayoría de los actores de la administración de las ciudades. De ellos se hereda el alcalde, antiguo imán o *al-qaidí* de donde proviene el nombre, más con facultades judiciales que administrativas. Todo ello se transformó paulatinamente con la invasión de los visigodos, alanos y demás naciones denominadas "bárbaras" que en un lento proceso durante los primeros siglos de la Edad Media se fueron definiendo el poder de la Iglesia, en particular la figura del obispo, y los señores con títulos de condes, duques, marqueses y pequeños reyes. Se origina un proceso de decaimiento de las ciudades hasta que en a partir del siglo XI y XII se van reordenando en torno a iglesias y castillos, ciudades y villas amuralladas y ordenadas por linajes y oficios. Es a partir de la Reconquista cuando la ciudad y las villas, éstas últimas como centros poblados que van ganado importancia y autogobierno, cuando surge un nuevo municipio: el ayuntamiento con sus oficios concejiles, síndicos, secretarios, regidores y corregidores. (Blázquez y otros. Página 11 y ss.) Es éste el municipio que viene en las carabelas de Cristóbal Colón a América.

Las instrucciones dadas por la corona española a los adelantados o conquistadores mediante las capitulaciones, que luego serían sistematizadas en la "Recopilación de las Leyes de los Reynos de las Indias" ordenadas por el rey Carlos II, recogía las antiguas instituciones del derecho castellano leonés de Alfonso X El Sabio para fundar ciudad, o para que una ranchería adquiriera la cualidad de villa o de ciudad y en consecuencia poder regirse por sus propias normas, es decir ordenanzas, dictadas por autoridades surgidas desde el mismo momento de la fundación entre los primeros pobladores. (Orduña. 2003.). El proceso de traslación de normas hispanas a la nueva tierra obliga a su adaptación que es mucho más fuerte entre los pueblos azteca, maya y los demás que ocupaban México, Guatemala y Honduras actuales, y en el Altiplano andino, que en otras regiones con culturas menos desarrolladas, y, por lo tanto, más susceptibles de desaparecer casi por completo o sobrevivir aisladas en las selvas. En las primeras se produce un cierto sincretismo y las instituciones hispanas, entre ellas el municipio, admiten algunas manifestaciones de la organización social y política precolombinas. En los territorios habitados por sociedades más primitivas no se tenía sentido ni del pasado ni del futuro y por tanto o no había instituciones o eran sumamente embrionarias, y su capacidad para resistir los cambios impuestos por los invasores era nula y en consecuencia casi no quedó nada. El proceso de adaptación del municipio castellano a las nuevas realidades de América se va produciendo en la medida en que avanza el poblamiento y la construcción de la nueva sociedad, sobre la base de lo que quedó de lo propio y lo que se trasplantó de la Península Ibérica, todo en una paila donde se hicieron las mezclas abundantemente sazonadas con ingredientes de ambas orillas, con violencia, heroísmo y una cotidianidad con valores contradictorios que paulatinamente van definiendo ese nuevo género humano, al que se refirió Simón Bolívar en su Carta de Jamaica (1972).

El derecho primitivo básico que asegura la convivencia es uno de los componentes característicos de un asentamiento con pretensión de ser una ciudad. Esas normas y las autoridades locales que las dictan, se van definiendo en el largo camino de la formación de las ciudades que los expertos antropólogos ubican en los fértiles valles de Mesopotamia, se desarrollan en Grecia y Roma, maduran en Europa durante el Medioevo, se remozan en la reconquista ibérica y adquieren pleno esplendor en el sorprendente y vertiginoso proceso de poblamiento y fundación de las ciudades de América.

La formación de las ciudades en Hispanoamérica no siguió el patrón común de una lenta cocción como sucedió en el mundo antiguo. En poco menos de un siglo se fundaron todas las ciudades de América según el plan establecido por la reina Isabel y luego por las normas dictadas por los reyes que le sucedieron para regir en las indias. Mario Briceño Iragorry (1983) dijo en el acto de ce-

26

lebración del IV centenario de la ciudad de Barquisimeto, Venezuela, que "el campamento azaroso donde impera la ley de los valientes, es sustituido por la sala capitular, donde el Alcalde, desceñidas las armas, hace justicia apoyado en el débil bastón de la magistratura. Eso es la ciudad. Se le funda para hacer en ella pacífica vida de justicia." Más adelante, en la misma conferencia, señala que "en los cabildos, donde adquiere fisonomía el derecho de las ciudades, se da vida a instituciones políticas enmarcadas en las posibilidades del tiempo y definidas por las líneas conceptuales de la propia fisonomía de la sociedad" (p. 91-92). Como Afirma Allan R. Brewer-Carías en su monumental obra *La ciudad ordenada* (2006), la fundación de los pueblos exigía el establecimiento de una organización municipal. Fundar un pueblo era establecer unas civitas o una república, lo que exigía una organización política local que rigiera y gobernara a la comunidad respectiva que se asentaba en un determinado territorio. "Un pueblo por tanto no sólo era una planta física sino gente asentada juntada reunidas reducida en un lugar y unas autoridades y leyes que rigen en la vida comunitaria." "Si faltaba uno de esos elementos puede decirse que conforme a la legislación colonial americana no existe un pueblo, una villa o una ciudad." (p. 105).

II. DEFINICIONES Y CONCEPTOS SOBRE LA CIUDAD

La ciudad es un ámbito de relaciones personales, familiares, comunitarias y sociales, y en esta última escala las hay de todo tipo como económicas, laborales, deportivas, religiosas y por supuesto políticas. Estas últimas se dan entre las personas mediante las organizaciones políticas y la autoridad local cuando se participa, vota, reclama o propone, en fin, en la medida en que sus habitantes ejercen su ciudadanía. Una definición más técnica la ofrece Gideon Sjoberg (2002) cuando señala que la ciudad es una comunidad de considerable magnitud y elevada densidad de población que alberga en su seno a una gran variedad de individuos especializados en tareas no agrícolas, incluyendo entre éstos a una élite culta. De esta definición rescato la densidad de población sin considerar su magnitud, que sus habitantes en su mayoría se dedican a tareas no agrícolas y que debe tener una élite culta, aunque no sea una condición necesaria si conveniente.

Una mirada de la ciudad desde la *urbs* la ofrece Juan Carlos Pérgolis (2002) cuando dice que es la trama urbana lo que nos hace sentir en la ciudad, el tejido que hilvana los hilos públicos: plazas y senderos para el recorrido, más la red de viviendas y edificaciones que expresan una manera de vivir y, por tanto, de ser. A veces la ciudad ha evolucionado en forma coherente, continua, integrada, siguiendo los patrones de la ciudad hipodámica o el diseño definido temprano que la identifica, como París y el patrón urbano que le definió Le Corbusier, o Barcelona, la ciudad octogonal del urbanista Ildenfos Cerdá, o los nuevos urbanismos de Curitiba promovidos por Jaime Lerner. Otras veces la ciudad es caótica, el resultado de procesos no planificados, planificados mal o que crecen desordenadamente. La ciudad bien ordenada puede haber perdido parte de su armonía al romperse la disciplina urbanística, o haber sucumbido a los criterios modernistas y funcionalistas que dieron paso a la ciudad fragmentada, modular, discontinua, de espacios especializados y diseños particulares e incluso excluyentes. Esta ciudad fragmentada privilegia a unos y desprecia a otros, a unos les infla los derechos y a otros se los reduce a mínimos con lo cual se desnaturaliza el fundamento ético de la ciudad, su fin humanizante. La vieja ciudad se explicaba a sí misma. La que surge de la primera modernidad ni siquiera lo intenta, pues sus fragmentos apenas logran una sumatoria precaria e impersonal. Todas son ciudad, sólo que su calidad para ofrecer bienestar no es la misma o descuidó su centralidad. Esta es una perspectiva propia de la *urbs* que gusta a los urbanistas desde los más antiguos como Hippodamus de Mileto, Vitruvius pasando por Le Corbusier, Ildefons Cerdá Suñer, hasta los ya consagrados como Jane Jacobs, Jaime Lerner, Richard Sennett o Lewis Mumford, cada uno con su énfasis en tal o cual aspecto.

Del conflicto entre las tesis clásicas y la antítesis modernista está surgiendo una síntesis más humana, más estética, incluso heterodoxa, que revaloriza los criterios integradores de la vieja ciudad continua y asume los planteamientos posmodernistas de urbanistas, arquitectos y artistas que han hecho de la ciudad un museo al aire libre. Tampoco es la ciudad la antítesis de lo rural como aparenta, sino el hábitat natural del ser humano evolucionado que demanda espacios para satisfacer necesidades y deseos. La nostalgia de lo rural le impele a incorporar sus elementos a la ciudad que en su diseño, busca en la naturaleza y mezcla de modo artístico sus proposiciones. Hoy Internet ofrece la posibilidad de acceder al conocimiento de los estudios e investigaciones sobre la ciudad en innumerables sitios especializados en infinidad de temas desde los más globales hasta los análisis de casos particulares.

Las ciudades tienen una historia que habla por sí sola del carácter de sus hacedores y se desarrolla a veces con éxitos y a veces con fracasos, pero siempre con vocación de futuro sobre la base del pasado. Debería alcanzarse con los valores agregados que incorporan el conocimiento y la pasión, sin regresiones. Lamentablemente hay retrocesos y América Latina, si bien muestra avances, es un patético muestrario de fracasos.

La ciudad es un espacio de libertad individual y de cohesión social. En ella se dan y, por tanto, se protegen y enriquecen los derechos individuales, así como los de construcción y expresión de identidades colectivas. La ciudad establece un estatuto de ciudadanía que, como todo estatuto, es un conjunto normativo que define derechos, deberes y responsabilidades con tanta fuerza hoy como en tiempos de Aristóteles en la mítica Atenas de Pericles. La ciudad es una realidad política porque es el escenario de conflictos, de tendencias e intereses, un ámbito para la confrontación entre la heterogénea y compleja condición humana y por tanto un reto permanente, cotidiano e inagotable para la convivencia civilizada. La tesis de Humberto Maturana viene aquí en nuestro auxilio

30

cuando propone colocar el amor dentro de la ecuación citadina. Maturana plantea que la solución de los conflictos pasa por lo que denomina "biología de amar", que surge de la teoría de la matriz biológica de la existencia. Esta teoría plantea las potencialidades del reconocimiento de otras personas y el establecimiento de relaciones desde el respeto y la aceptación. Dice el referido autor:

"Todo sistema social humano se funda en el amor, en cualquiera de sus formas, que une a sus miembros y el amor es la apertura de un espacio de existencia para el otro como ser humano junto a uno. Si no hay amor no hay socialización genuina y los seres humanos se separan. Una sociedad en la que se acaba el amor entre sus miembros se desintegra. Sólo la coerción de uno y otro tipo, es decir, el riesgo de perder la vida, puede obligar a un ser humano, que no es un parásito, a la hipocresía de conducirse como miembro de un sistema social sin amor. Ser social involucra siempre ir con otro, y se va libremente sólo con el que se ama. La conducta social está fundada en la cooperación, no en la competencia. La competencia es constitutivamente antisocial, porque como fenómeno consiste en la negación del otro. No existe la "sana competencia", porque la negación del otro implica la negación de sí mismo al pretender que se valida lo que se niega. La competencia es contraria a la seriedad en la acción, pues el que compite no vive en lo que hace, se enajena en la negación del otro" (p. 16).

Las anteriores afirmaciones del intelectual chileno nos ayudan a ir conformando lo que puede ser una "estrategia de ciudadanía". Pero falta un ingrediente, para lo cual también Maturana es útil. Veámoslo:

"El ser humano es constitutivamente social. No existe lo humano fuera de lo social. Lo genético no determina lo humano, sólo funda lo humanizable. Para ser humano hay que crecer humano entre humanos. Aunque esto parece obvio, se olvida al olvidar que se es humano sólo de la manera de ser humano de las sociedades a que se pertenece. Si pertenecemos a sociedades que validan con la conducta cotidiana de sus miembros el respeto a los mayores, la honestidad consigo mismo, la seriedad en la acción y la veracidad en el lenguaje, ése será nuestro modo de ser humanos y el de nuestros hijos. Por el contrario, si pertenecemos a una sociedad cuyos miembros validan con su conducta cotidiana la hipocresía, el abuso, la mentira y el autoengaño, ése será nuestro modo de ser humanos y el de nuestros hijos." (p. 80)

El cardenal Jorge Mario Bergoglio, arzobispo de Buenos Aires, en sus palabras en el Primer Congreso Regional de Pastoral Urbana realizado en la capital argentina el 25 de agosto de 2011 dijo lo siguiente: "La mirada de amor no discrimina ni relativiza porque es mirada de amistad. Y a los amigos se los acepta como son y se les dice la verdad. Es también una mirada comunitaria. Lleva a acompañar, a sumar, a ser uno más al lado de los otros ciudadanos. Esta mirada es la base de la amistad social, del respeto de las diferencias, no sólo económicas sino también las ideológicas. Es también la base de todo el trabajo del voluntariado. No se puede ayudar al que está excluido si no se crean comunidades inclusivas. La mirada del amor no discrimina ni relativiza porque es creativa. El amor gratuito es fermento que dinamiza todo lo bueno y lo mejora y transforma el mal en bien, los problemas en oportunidades. (2011)

La ciudadanía es una conquista cotidiana y una aventura de la libertad, escribe Jordi Borja (2003), en su interesante libro *La ciudad conquistada*, una idea que desarrolla a lo largo de toda su producción intelectual. Esa conquista demanda una predisposición cotidiana para la acción, una voluntad permanente de ejercer las libertades urbanas y de asumir la dignidad de considerarse igual a los otros. La ciudad es también un espacio para el intercambio plural: producción, comercio, consumo, amistad, cultura, poder, dominación, que demanda reglas, normas, pautas formales e informales. Nos dice Lewis Mumford que. "La principal función de la ciudad es convertir el poder en forma, la energía en cultura, la materia inerte en símbolos vivos del arte, la reproducción biológica en creatividad social." (p. 406). De estas cosas se trata ahora tanto o más que antes cuando en las ciudades vive la mayoría de los habitantes del planeta.

No obstante esta visión positiva, hay también la perspectiva dialéctica y las diferencias sustanciales en los matices. Las ciudades siguen cumpliendo el papel tradicional de hábitat pero con notorias diferenciaciones entre sectores económico-sociales. La dinámica urbana y las migraciones rurales hacia las ciudades en el tercer mundo, así como el crecimiento natural de la población urbana, han convertido a las ciudades en espacios contradictorios en los que se concentra el bienestar, e incluso la opulencia, y también se concentran la pobreza, la violencia y la exclusión. Las desigualdades son conmovedoras. Caso extremo de esa pobreza es el tercio de población urbana. Este problema también lo están sufriendo las ciudades del mundo desarrollado porque las migraciones del campo a la ciudad del mundo subdesarrollado se corresponden con una migración cada vez mayor de pobres desde estos países hacia las ciudades de los países ricos, con lo cual se producen nichos de pobreza tercermundista en las ciudades del primer mundo. Ambos fenómenos encuentran en la primera línea a las autoridades locales, desguarnecidas de recursos institucionales y financieros suficientes. De esta manera, los impactos sobre los derechos fundamentales, no se diga de los llamados "derechos emergentes", se presentan tanto en las ciudades de uno y del otro nivel. Este es uno de los desafíos más grandes de la ciudad.

III. LA NATURALEZA POLÍTICA DE LA CIUDAD

La pretensión de escudriñar la naturaleza política de la ciudad obliga a partir del conocido concepto aristotélico de *politeia*. El libro La Política comienza con el siguiente párrafo:

"Puesto que vemos que toda Ciudad-Estado es una cierta comunidad y que toda comunidad se constituye en busca de algún bien (pues todos actúan siempre en vista de lo que creen que es bueno), resulta claro que todas las comunidades están orientadas hacia algún bien, y especialmente hacia el supremo entre todos los bienes se orienta aquella que es suprema entre todas las comunidades y abarca a todas las otras.

Esta es la que se llama ciudad-Estado y comunidad política [koinonía politi-ké] (1252a 1-7).

34

Más adelante dice Aristóteles:

"Al estar fundada en la naturaleza, la organización en comunidades es necesaria, como es necesario el lenguaje, que sirve para indicar lo que es útil o lo que es dañino, e. d. lo justo y lo injusto. Esta característica distingue al hombre del resto de los animales, puesto que es el único que percibe el bien y el mal, lo justo y lo injusto y el resto de los valores (1253a7-18)."

Estos valores son el fundamento de la organización social que es por naturaleza anterior a la familia y el individuo. La organización social aparece como el fin de la naturaleza humana y el autogobierno como fin de la comunidad, es decir el Municipio. Si desaparece el municipio se va con él la libertad, en particular la libertad política, el origen del derecho en la soberanía del pueblo y la posibilidad de la plena realización de la experiencia existencial del hombre. Sin embargo, la autarquía tiene como fin la instauración de lo útil y justo en la sociedad, que ya no ha de ser producto de la simple evolución natural, sino que necesitará el concurso del arte, la estructuración del conglomerado humano en un estado correctamente jerarquizado no es producto de la evolución natural, sino de la intervención racional, de la decisión voluntaria y selectiva del ser humano". Aristóteles agrega poco más adelante lo siguiente:

"En efecto, el impulso existente en todos hacia una comunidad de tales características es natural. Sin embargo, el primero que la llevó a cabo es responsable de los bienes más grandes, pues así como el hombre, cuando ha culminado su desarrollo, es también el mejor de los animales, cuando se ha apartado de la ley y la justicia es el peor de todos. En efecto, la injusticia, cuando tiene recursos, es absolutamente brutal, pero el hombre crece con recursos para alcanzar la inteligencia y la virtud, recursos que puede utilizar muy bien para lo contrario. Por ello, es el animal más impío y más salvaje sin virtud y el peor tanto en el sexo cuanto en la comida. Por el contrario, la virtud de la justicia se da en el ámbito de la polis, ya que la justicia es el orden de la comunidad política, la discriminación de lo justo."

Una traducción de La Política un poco distinta lo dice de esta manera:

"La naturaleza arrastra pues instintivamente a todos los hombres a la asociación política. El primero que la instituyó hizo un inmenso servicio, porque el hombre, que cuando ha alcanzado toda la perfección posible es el primero de los animales, es el último cuan-do vive sin leyes y sin justicia. En efecto, nada hay más monstruoso que la injusticia armada. El hombre ha recibido de la naturaleza la sabiduría y la virtud, que debe emplear sobre todo para combatir las malas pasiones. Sin la virtud es el ser más perverso y más feroz, porque sólo tiene los arrebatos brutales de la pasión y del hambre.

La justicia es una necesidad social, porque el derecho es la regla de vida para la asociación política, y la decisión de lo justo es lo que constituye el derecho" (p. 24)[2].

---

[2] Estas citas son tomadas del trabajo que publica Gabriel Livov en la *Revista Intus Legere*.

Una idea más en relación a lo justo, que no es exactamente igualdad, mucho menos igualitarismo, sino lo proporcional o equitativo conforme a valores universales y a los particularismos de tiempo y de lugar, según las diferencias entre los habitantes de la ciudad, habida cuenta de las aptitudes, las actitudes, el mayor o menor esfuerzo dentro de unas mismas condiciones para todos.

La ciudad en sentido aristotélico es una comunidad política porque busca el bien mediante la virtud, que es una cualidad exclusiva del ser humano quien, por ser inteligente y libre, es capaz de distinguir entre el bien y el mal, lo justo y lo injusto y cultivar todos los demás valores. El bien y lo justo, o la justicia a secas entendida como equidad, en un intento de comprender el sentido de ambos vocablos. Es vivir bien mucho más allá de la sola subsistencia porque es el cultivo de la virtud, que incluye la idea del arte, precisamente lo que diferencia la comunidad humana de un rebaño. El ámbito de lo cívico y ético, del bien y de la virtud es la ciudad, porque es conforme a su naturaleza y a la deliberada acción humana. La comunidad política se eleva hasta alcanzar su finalidad cuando es ayudada por el arte, que es el espacio de la política, del proceso de toma de decisiones que pueden ser correctas o incorrectas. Si los habitantes de la ciudad y sus políticos se dejan llevar por la sabiduría y la virtud alcanza los más altos grados del bienestar y la prosperidad. Insiste Aristóteles en que la responsabilidad de los ciudadanos es emplear su sabiduría en cultivar la virtud y la justicia, como en combatir las malas pasiones, que recuerda provienen de la lascivia y de la avaricia. Si se dejan llevar por los arrebatos de los vicios brutales se convierten en el animal más perverso y más feroz. Se puede resumir el concepto aristotélico sobre la ciudad diciendo que para él, la polis es el arte de convivir mediante una adecuada educación: la *politeia*.

Cuando Aristóteles se refiere a los fundamentos de la ciudad dice:

"...numeremos las cosas mismas a fin de ilustrar la cuestión: en primer lugar, las subsistencias; después las artes, indispensables a la vida, que tiene necesidad de muchos instrumentos; luego las armas, sin las que no se concibe la asociación, para apoyar la autoridad pública en el interior contra las facciones, y para rechazar los enemigos de fuera que puedan atacarlos; en cuarto lugar, cierta abundancia de riquezas, tanto para atender a las necesidades interiores como para la guerra; en quinto lugar, y bien podíamos haberlo puesto a la cabeza, el culto divino, o como suele llamársele, el sacerdocio; en fin, y este es el objeto más importante, la decisión de los asuntos de interés general y de los procesos individuales." (p. 122 y ss.)

Si la felicidad consiste en el pleno ejercicio de la virtud, que en el lenguaje de comienzos del siglo XXI podríamos decir el pleno desarrollo de la persona, es evidente que lo primero es asegurar la subsistencia, que consiste hoy en la satisfacción plena de las necesidades humanas en el mejor grado de calidad posible, que incluye tanto las necesidades biológicas como la satisfacción de las demandas del espíritu, que Aristóteles incluye en su concepto de "arte", y hoy podemos comprender la cultura. De allí que la idea incluye la abundancia, es decir, contar con los recursos suficientes para financiar la ciudad y sus habitantes en todas sus demandas. En cuanto a las armas, se comprende a los jueces y el sistema policial como los instrumentos que garantizan el absoluto respeto al orden, digámoslo de una vez, al Estado de Derecho. Nada tiene que ver con el ejército, que no es asunto de la ciudad, sino de policía que le es inherente. El cultivo del espíritu y la fe en Dios es un aspecto clave de la vida humana. Y por fin, la decisión de los asuntos de interés general y de los procesos individuales: la moral, la ética y la ley civil. En pocas palabras, el gobierno de la ciudad. A fin de cuentas la felicidad, como el bienestar y la prosperidad son asuntos personales, pero requieren para alcanzarlos una ecología apropiada que es o debe ser el objetivo de la ciudad, su misión.

Concretando, la ciudad es una comunidad que comprende todas las demás organizaciones humanas; por ser comprensiva incorpora el bien superior de todas y de ella, que es lo justo en sentido del bien, es decir, del bienestar, la prosperidad y la felicidad. El bien se alcanza mediante la práctica de la virtud, que es saber y actuar conforme a los valores, entre ellos lo justo. De allí que la ciudad debe ser autárquica, tener su propio gobierno que sobre la base de los valores, de lo bueno y de lo malo, de lo justo y de lo injusto, se ocupe de establecer la ley y el orden, o en otras palabras más actuales, el Estado de Derecho. El gobierno de la ciudad debe ocuparse de garantizar que la ciudad cuente con una organización social civil que asegure la subsistencia, la convivencia, el cultivo del espíritu, la cultura cívica y el desarrollo humano.

Las ideas aristotélicas se han desarrollado desde que el filósofo las expresó cuatro siglos antes de Cristo en Atenas hasta hoy, y seguramente seguirán siendo objeto de estudio como lo han sido por más de dos mil años. Solo me corresponde ahora continuar la reflexión a partir de lo dicho, en una línea conforme con su pensamiento que es en buen grado el dominante en Occidente. En ese camino debo continuar.

Desde la perspectiva que ofrece el principio de subsidiaridad introducido en la filosofía política por las encíclicas Rerum Novarum y Quadragesimo Anno, la cuidad y su gobierno son los primeros eslabones de la responsabilidad política, como lo señaló Aristóteles al crear el término *politeia* para definir la naturaleza de la ciudad. El principio de subsidiaridad ayuda en la colocación correcta de los asuntos de los que debe ocuparse el individuo, la familia, la comunidad, la sociedad o el estado en sus diversos ámbitos territoriales, como lo ha estudiado con detalle Vignolo (2017): Nos lo dice con estas palabras: "Otra cuestión que se acrecienta y manifiesta la revalorización de la subsidiariedad horizontal, es que en la arquitectura jurídica adaptada a la implantación de los actuales sistemas económicos y sociales siempre se presenta o recoge el principal efecto vinculante de la figura, esto es, el de presentar y mantener a las personas y las organizaciones creadas por éstas (producidas en función del ejercicio de sus derechos constitucionales) como los verdaderos protagonistas de los diferentes ámbitos de la realidad." (p. 43).

40

Siendo el municipio anterior al estado moderno, el principio de subsidiaridad ha sido más útil en la defensa del ámbito de actuación de la autoridad local que en la asignación de competencias. Otfried Höffe (2002) dice que el hombre carece de autarquía y está obligado por su naturaleza a convivir y a cooperar, primero para la reproducción y luego para la supervivencia y para la vida. Es un ser que ama. Pareja, familia, clan y comunidad política, en ese orden. En las relaciones humanas sucede un proceso de diferenciación y complejidad desde lo elemental biológico y afectivo, como la pareja, a la ciudad, en la búsqueda de la felicidad, del buen vivir, ya con estructuras diferenciadas, sistemas complejos, normas e instituciones. Es cierto que el hombre no es autárquico, en cambio la ciudad sí que lo debe ser, dentro de lo racional y posible.

La ciudad es en la línea evolutiva de la organización social donde el hombre se encuentra con la política, la demanda de normas e instrumentos que se ocupan de la previsión existencial, de la organización de su entorno, la atención de las necesidades colectivas y la dirección de los asuntos del porvenir, es decir, del gobierno. La precariedad del ser humano le obliga a organizarse y a correr riesgos en su existencia individual, menores por supuesto en la ciudad, como lo observó Alexis de Tocqueville (1973) cuando, sorprendido, constató que las bases del éxito de la sociedad norteamericana estaban en las comunas, es decir, en la comunidad política local democrática y autónoma, lejos de los sistemas europeos de entonces, centralizados en imperios, monarquías y señoríos.

Cornelius Castoriadis, quien inspiró significativamente el mayo francés, propone ver la ciudad como es y cómo la imaginan sus habitantes: "La ciudad puede ser representada por «atributos» que son la expresión formal de las significaciones imaginarias que mantienen a la ciudad unida. Los individuos socializados pertenecen a la ciudad en la medida en que participan en las significaciones imaginarias, en sus normas, valores, mitos, representaciones, proyectos, tradiciones, etc., y porque comparten –lo sepan o no– la voluntad de ser de esta ciudad y de hacerla ser continuamente." (p. 49). El aporte de Cornelius Castoriadis es interesante porque propone ver la ciudad como es y también como la imaginan sus habitantes. Desde esta perspectiva, la ciudad es una realidad física que ocupa un espacio, en ella se realiza la existencia de una colectividad que interactúa y se socializa, que va construyendo un relato cotidiano, dinámico y complejo más o menos definido que identifica; pero también se dan las percepciones subjetivas individuales y de grupos que forman visiones particulares, ideas, prejuicios, paradigmas o imágenes que no por inmateriales dejan de formar parte de la ciudad, de su "marca". Estas tres representaciones de la ciudad: objetiva, dinámica e idealizada admiten una valoración, y de la calidad de cada una y de su conjunto depende su fuerza humanizante, su potencial innovador y su visión de largo plazo, o su fracaso.

La calidad de la ciudad también se puede inferir por la calidad de sus diálogos, deducirla del lenguaje, de los elementos intangibles de la comunicación ciudadana que pone atención en el habla cotidiana, el uso correcto del idioma, los vocablos comunes, el tono de las voces, las peculiaridades locales, los significados de las palabras asumidos en la ciudad, la riqueza o pobreza del léxico de sus habitantes y por supuesto el fondo de las conversaciones. En la ciudad tienen que haber todo tipo de conversaciones: eruditas y legas, importantes y banales, serias y divertidas pero siempre y en cualquier circunstancia deben ser respetuosas. Francisco González se refiere a este importante asunto y lo expresa así:

"Una conversación puede enriquecer, enseñar, mejorar las relaciones, elevar la cultura de los que hablan, consolidar su amistad. Otra conversación, en cambio, puede herir, deprimir, disociar, empobrecer. Las conversaciones predominantes en una comunidad dan el grado de inteligencia de esa sociedad. El chismorreo, la murmuración y las habladurías empequeñecen a todos y hacen que una sociedad se idiotice y se comporte de manera estúpida. Lo mismo pasa con una familia o una organización.

En las comunidades donde triunfa la inteligencia, las conversaciones estimulan, premian, animan y hacen que el grupo logre cosas extraordinarias. En las comunidades estúpidas las conversaciones ridiculizan al exitoso, se burlan del triunfador, escamotean los logros y provocan que los fracasos se acumulen y se le tenga miedo a la creatividad, a la innovación y al emprendimiento. Hay en consecuencia conversaciones inteligentes y conversaciones estúpidas." (p. 58, 2019).

Importantes son los sonidos que se escuchan, su intensidad, su tono, su musicalidad, su armonía o estruendo; y también sus silencios que deben encontrar acomodo el medio de los ruidos de la ciudad. La calidad del diálogo citadino también se encuentra en cosas tangibles comunicacionales como la estética de los gráficos, el diseño de la nomenclatura y del mobiliario urbano, los colores dominantes, los olores y aromas que se perciben, los sabores de su cocina. Está en el orden y cuidado de sus calles y aceras, las fachadas de sus casas y edificios, en el aseo de sus espacios públicos y en su buen mantenimiento. La mirada de ciudades ordenadas y hermosas que fascinan no es la misma que la quejumbrosa de los vecinos de ciudades deterioradas, que se preguntan por qué el abandono de sus espacios históricos por los habitantes de antaño y de hoy. La mirada a la ciudad no es la misma para los expertos urbanistas, sismólogos, artistas, ingenieros, economistas, administradores o políticos. Tampoco es la de un vecino de un barrio marginal a la de un residente de los sectores opulentos, ni de quien tiene el privilegio de contemplar un amanecer por su ventanal o tener una pared que le limita el horizonte. Es la misma ciudad y sin embargo tan distinta y con significados disímiles que debieran encontrarse en algún punto real o imaginario y generar compromisos, la *"afecctio societatis"*. Por éstas y muchas otras razones, la creación de un espacio político democrático no es una simple cuestión de disposiciones legales que garanticen a todos la libertad de expresión, de pensamiento, de acción y de oposición sino la más genuina expresión de la voluntad de sus habitantes, respetuosa de las diferencias y ejercida responsablemente. La clave está, además, en qué puede hacer la población con sus derechos. Dice Aristóteles en el libro comentado que "Las leyes más útiles, las leyes sancionadas con aprobación unánime de todos los ciudada-

44

nos, se hacen ilusorias, si la educación y las costumbres no corresponden a los principios políticos". (p. 143) Para ello es esencial la educación de los ciudadanos, la *paideia* griega, la toma de conciencia de que la ciudad nos crea al tiempo que nosotros la creamos a ella, que su destino depende también de nuestra reflexión, comportamiento y decisiones; en una palabra, la creación del espacio público político de la ciudad a través de la participación abierta en la vida política. Esta complejidad supone que el liderazgo debe conocer y comprender la ciudad.

Las ciudades de hoy, afirma Fabio Giraldo Isaza (1999) al comentar el aporte de Cornelius Castoriadis desde su perspectiva de lo imaginario, tienen la posibilidad de romper la clausura reinventando la política y haciendo nuevamente activa a la filosofía política: creando al ciudadano y al filósofo público en la ciudad, en el espacio público político y arquitectónico donde la política, el pensamiento y el arte lleguen a ser modos de vida, donde el ser humano crea la ciudad y ella crea a los seres humanos. La ciudad es creación y autocreación. Es una cuasi totalidad, dice, mantenida por lenguajes, normas, familias, herramientas, modos de producción, infraestructuras agrego, y por las significaciones imaginarias sociales que estas instituciones encarnan: tótems, tabúes, dioses, Dios, mercancía, riqueza, patria. Esta perspectiva analítica facilita la comprensión de la complejidad de la ciudad y de sus sistemas.

IV. LA CIUDAD DEL SIGLO XXI Y EL IMPACTO DE LAS NUEVAS TECNOLOGÍAS

Otra perspectiva es la que ofrece Ernst Forsthoff (2002), filósofo alemán, quien señala que la vida en las ciudades hoy está cada vez más condicionada por los procesos técnico-industriales. Las denominadas "smart cities" o "ciudades inteligentes" buscan la máxima y más óptima aplicación de las nuevas tecnologías de la información (TICS) a la organización y funcionamiento de los servicios, y colocan al servicio de los ciudadanos novedosas formas de información y comunicación, y a las organizaciones públicas y privadas instrumentos cada vez más eficientes para procesar volúmenes enormes de información o "big data". Es evidente el beneficio de los avances tecnológicos; sin embargo, no hay que perder el referente antropocéntrico en su uso y aprovechamiento.

La existencia individual del habitante de la ciudad y su calidad depende cada vez con mayor amplitud y calidad de los procesos tecnológicos. La previsión existencial, dice Forsthoff, significa un ámbito vital dominado por el Estado del que depende. Esa dependencia es real y también psicológica, como una novísima forma de enajenación, en el concepto de Marx. El ciudadano es un consumidor sometido a condicionantes oficiales y su modo y calidad de vida depende en alto grado de la burocracia. Es entonces cuando tiene sentido liberador el que la previsión existencial se ubique en el ámbito competencial del gobierno de la ciudad, en el municipio, porque es una garantía de la existencia y el respeto de la persona en tiempos de la nanociencia y de las TICS. Es consumidor, pero antes ciudadano en el sentido aristotélico. No se puede descartar, en la especulación teórica, la posibilidad de que una ciudad pueda ser gobernada mediante procesos exclusivamente técnicos, pero esa posibilidad orwelliana tiene en la condición humana, en su dignidad e inteligencia y en sus pasiones la garantía de la libertad. El papa Francisco se refiere a este asunto en la encíclica Laudato si cuando afirma que "…en el origen de muchas dificultades del mundo actual, está ante todo la tendencia, no siempre consciente, a constituir la metodología y los objetivos de la tecnociencia en un paradigma de comprensión que condiciona la vida de las personas y el funcionamiento de la sociedad… Ciertas elecciones, que parecen puramente instrumentales, en realidad son elecciones acerca de la vida social que se quiere desarrollar... Por eso «intenta controlar tanto los elementos de la naturaleza como los de la existencia humana». La capacidad de decisión, la libertad más genuina y el espacio para la creatividad alternativa de los individuos se ven reducidos." (p. 107, 2015.)

Asdrúbal Aguiar (2018) sigue la línea expuesta por el Papa Francisco en una perspectiva más amplia y manifiesta su preocupación por los efectos alienantes de relativización de la dignidad humana, de los derechos humanos, de la desinstitucionalización de la democracia y el Estado de Derecho de la sociedad global, como consecuencia de ciertas tendencias alienantes de las TICS. (p. 197) Comparto esa preocupación y agrego la banalización y la superficialidad; sin embargo, verlos como desafíos ya no tanto a la sociedad global, sino a las ciudades como el lugar donde sucede la vida cotidiana, tal como lo hizo el Papa Francisco siendo Cardenal en Buenos Aires. Así, bastante más cercano, la salida se ve posible, o al menos susceptible de abordarla en cuanto a retos de los ciudadanos y de sus gobiernos locales. Decía Bergoglio: "No sólo la ciudad moderna es un desafío sino que lo ha sido, lo es y lo será toda ciudad, toda cultura, toda mentalidad y todo corazón humano". (p. 13)

La cuestión está en colocar al ser humano en el vértice, asumir un antropocentrismo radical y a la vez ecocéntrico que reconoce el valor superior del ser humano, su inteligencia, su libertad y su responsabilidad con la casa común. Sobre la ciudad han llovido todas las maldiciones: la peste negra, la guerra, el terror, el hambre, la miseria. Toda suerte de infortunios. En Dresde no quedó un ladrillo sobre otro, el poder atómico derritió Hiroshima, la hermosa Alepo ha sido reducida a ruinas que nos confronta como especie humana capaz de producir las más grandes atrocidades. Venezuela fue ejemplo de abundancia hasta que cayó en manos de carteles de criminales que la destrozaron. Los viejos infiernos ni los infiernos actuales provienen de los avances científicos, ni los infiernos futuros vendrán por la tecnociencia, sino, como siempre, de los propios seres humanos envenenados con las mismas antiguas pócimas malditas del poder, la codicia, las ideologías, los fanatismos; el relativismo como una pandemia que amenazada valores y principios y destruye la obra de la civilización, la inmensa e histórica tarea humana de continuar la obra de la creación. Como lo dice Aristóteles, los grandes males provienen de la lascivia y de la codicia. Toda la responsabilidad es humana, como todo el conocimiento.

Los grandes avances científicos y tecnológicos, como lo demuestra la historia de la civilización, han contribuido al bienestar y a la prosperidad de la humanidad, que ha sido capaz de enfrentar los grandes desafíos de su existencia. La ciudad ha sido el escenario de este proceso que avanza a ritmo vertiginoso y, de la antigua ciudad amurallada e insalubre de pocos moradores, hoy millones de personas viven en ciudades que aseguran una altísima calidad de vida. Los medios ofrecen la narrativa consuetudinaria de ambientes políticos y sociales estables con óptimos servicios de salud, educación, infraestructuras, ambiente saludable, entornos económicos y socioculturales de calidad, servicios públicos y transporte, recreación, bienes de consumo, acceso a viviendas, seguridad y naturaleza. Con vista a estos parámetros, varias instituciones elaboran anualmente la nómina de las ciudades de mayor a menor calidad de vida: Viena, Auckland, Vancouver, Tokio, Berlín, Copenhague, Múnich, Melbourne, Sídney, Kioto, Estocolmo, Helsinki, Zúrich, Madrid, Hamburgo, Lisboa, Barcelona, Honolulu, Portland y Montreal encabezan la lista, miles de pequeñas ciudades seguramente están por sobre estas, que son mucho más visibles. En la cola están: Damasco, Trípoli, Lagos, Dacca, Port Moresby, Argel, Karachi, Harare, Duala y Kiev. En América Latina ocupan los primeros lugares Montevideo, Buenos Aires y Santiago, pero a distancia considerable de las ciudades del mundo desarrollado. En los últimos lugares están Caracas y Puerto Príncipe. Es la calidad de los procesos históricos, sociales y políticos lo que impone, para bien y para mal, sus condicionantes, entre ellos una actitud colectiva. Poco, muy poco tiene que ver la calidad de la ciudad con las riquezas naturales o la de sus oligarquías, y mucho con sus procesos culturales y políticos. La cultura urbana, afirma el jesuita Pedro Trigo, "está conformada por los modos que tienen los habitantes de la ciudad para realizar su condición humana, habida cuenta de su herencia histórica y de la mayor o menor calidad de los haberes históricos que impulsa al colectivo a humanizarse, a un ascenso en la calidad de sus relaciones" (p. 63. 2008) Estos procesos ni son lineales ni siempre ascendentes, porque de pronto los hombres abren la caja de Pandora y dejan escapar los demonios que anidan en sus almas. Con referencia a los venezolanos, en una conversación con miembros de las colonias hispanas en Montreal, a una señora experta en cuestiones organizacionales nos decía: "Los venezolanos unidos son excepcionales, pero juntos son una calamidad". Un poco a eso de la actitud individual y sobre todo colectiva es en gran medida lo que explica la buena o mala calidad de los procesos sociales en las sociedades, y tiene mucho que ver la actitud con la profundidad y firmeza de los valores.

La ciudad es un ámbito delimitado, un espacio determinado por coordenadas geométricas y por el imaginario. Existen señales que avisan: "Bienvenido a"...por un lado y "Feliz Viaje" por el otro. Este espacio debe tener un diseño que cumpla al menos unas mínimas condiciones: humanizante para que asegure la convivencia de sus habitantes, belleza para elevar el espíritu y armonía con la naturaleza. El papa Francisco lo dice así:

"Dada la interrelación entre el espacio y la conducta humana, quienes diseñan edificios, barrios, espacios públicos y ciudades necesitan del aporte de diversas disciplinas que permitan entender los procesos, el simbolismo y los comportamientos de las personas. No basta la búsqueda de la belleza en el diseño, porque más valioso todavía es el servicio a otra belleza: la calidad de vida de las personas, su adaptación al ambiente, el encuentro y la ayuda mutua…. Toda intervención en el paisaje urbano o rural debería considerar cómo los distintos elementos del lugar conforman un todo que es percibido por los habitantes como un cuadro coherente con su riqueza de significados… ¡Qué hermosas son las ciudades que superan la desconfianza enfermiza e integran a los diferentes, y que hacen de esa integración un nuevo factor de desarrollo! ¡Qué lindas son las ciudades que, aun en su diseño arquitectónico, están llenas de espacios que conectan, relacionan, favorecen el reconocimiento del otro!" (Laudato sí. 150)

Son dos asuntos importantes: La ciudad debe tener calidad para que sea efectivamente humanizante, para que se enriquezca la condición humana; y debe ser integradora. Cuando la ciudad es compartida por todos sus habitantes habrá una sola cultura y en ciudades muy grandes, populosas o extendidas, no bien integradas, podrán coexistir varias culturas cuyas relaciones pueden ser armónicas o excluyentes. La humanización hacia el bienestar y la prosperidad de los habitantes de la ciudad dependerá de la calidad del proceso civilizatorio, y en caso de varias culturas en una misma ciudad, de la calidad de las relaciones interculturales. En la ciudad se producen relaciones entre personas que se conocen, pero prevalecen las relaciones anónimas. La diferencia entre los conceptos de "pueblo" y de "ciudad" Para que se produzca este tipo de relación interpersonal y genere ciudadanía entre anónimos se requiere de infraestructuras que las favorezcan como los espacios públicos, que facilitan el intercambio: plazas, parques, áreas deportivas, espacios culturales, mercados, bosques, sitios de recreación, teatros, y lo mejor son los centros históricos y lugares emblemáticos que generan, además, sentimientos de identidad y de pertenencia. La ciudad puede ser un no – lugar, dice el geógrafo Francisco González en su libro "Lugarización" (2013), cuando es "el fruto de esta tendencia mercantil que no solo acaba con las identidades locales, sino con la biodiversidad, con los recursos naturales, con el agua, con la atmósfera, con el clima, con el equilibrio de este gran hogar que es el planeta tierra". (p. 58.)

Pedro Trigo (2008) señala que la ciudad, como sistema de relaciones humanas, como infraestructura y como imaginario es también un anhelo en particular para los grupos excluidos, aquellos que están y no están en la ciudad. Desde una perspectiva antropológica y de convivir en la pobreza en barrios marginales de Caracas, nos dice que: "la ciudad es una referencia simbólica en cuanto puede actuar como paradigma...pero no es el lugar donde están los pobres, los marginales. Se está en las afueras, en el extrarradio, en el suburbio." Dice además: "si la ciudad fue el primer puerto del destino ideal, si ella es la fuente de la vida material, si de ella proceden tantos elementos que el habitante del barrio considera valiosos, y sin embargo la ciudad, meta, fuente y paradigma, lo desprecia, le cierra la puerta y además lo explota y domina ¿qué conflicto interno tiene que tener una persona rechazada por lo que valora y anhela?... ¿Se sentirán convocados a construirla?" (p. 63.)

Uno de los grandes desafíos de la ciudad de hoy es su dinámica integradora, la integración en la diversidad cultural. Siempre lo ha sido pero en el siglo XXI es mucho más complejo por la movilidad planetaria. No se puede negar la cultura que se trae del lugar de origen, sino de compatibilizarla con las normas de convivencia que necesariamente deben ser comunes y obligar a todos por igual, de tal manera que el respeto a las diferencias signifique que cada quien asuma un mismo comportamiento. No se trata de ser homogénea, sino que su diversidad tenga carácter de conjunto de modo que las diversas culturas, los distintos estratos, las comunidades diferenciadas sean valores reconocidos por el conjunto como componentes identitarios de la ciudad y tengan efectiva convivencia, sentido de pertenencia y participación política. La dinámica de la ciudad y su funcionamiento como sistema social se apoya en un elemento subjetivo de primerísima importancia: la confianza. Según el diccionario RAE es la "Esperanza firme que se tiene de alguien o algo." En WordReference se define como: "Esperanza firme o seguridad que se tiene en que una persona va a actuar o una cosa va a funcionar como se desea." Parsons (1970) prefiere definir la confianza como una actitud de lealtad motivada afectivamente para la aceptación de relaciones solidarias.

No tiene nada que ver con los conceptos jurídicos de deber ni de obligación. Como afirma Fukuyama (1998), se trata de una expectativa que tiene una comunidad sobre su comportamiento normal, cooperativo y honesto conforme a las normas establecidas. Prefiero la definición de la confianza como un valor social que tiene como base la virtud personal que se expresa en conductas de armonía; un producto cultural como otros valores morales, éticos e incluso estéticos.

La ciudad es un sistema complejo de relaciones confiables que suponen unas conductas propias de la convivencia. La confianza colectiva permite planificar y construir la ciudad desde unos parámetros que son posibles gracias a que las conductas de sus habitantes son razonablemente previsibles por su alto grado de regularidad. Los peatones caminarán por la derecha y cruzarán las calles por el rayado, los conductores de vehículos se detendrán al encenderse la luz roja del semáforo, todos colocarán sus desechos en el cesto, los usuarios cuidarán el mobiliario urbano. Sobre esas bases se construye la ciudad. Sin embargo, los humanos somos eso, humanos, no ángeles, y asumimos conductas que rompen el valor o la virtud de la confianza. Reafirmo el concepto que el buen comportamiento de las personas viene de la familia, del hogar, de la comunidad básica y de la escuela; pero la ciudad tiene que estar preparada y colocar barreras donde no se desea el cruce de los peatones y remarcará correctamente el sitio por donde se debe cruzar la calle, se colocará vigilancia para detectar los infractores de las normas de circulación de vehículos, se colocarán cestos por doquier y tratará de mantener limpios todos los espacios. Y quienes rompen la confianza deben recibir una lección lo suficientemente severa como para que se produzca el aprendizaje.

Jordi Borja y Manuel Castells han trabajado la ciudad y producido juntos y por separado una abundante literatura. Estos destacados urbanistas facilitan la exposición de unas proposiciones que no por conocidas dejan de ser importantes. Cada ciudad debe tener su proyecto formalmente establecido. Es más, el éxito de una ciudad depende en gran medida de que sus políticos y sus expertos, y ojalá sus ciudadanos, sepan leer y descubrir el proyecto que guarda en su naturaleza, como el mármol la obra que esconde, según el escultor Manuel de la Fuente. Mérida, mi ciudad andina, por ejemplo, es femenina y acuática, por lo tanto, delicada y sensual, de temperamento que va de lo impetuosa a lo apacible, con una cultura definida por la particular influencia de la riqueza del paisaje montañés donde se emplaza, una población que mezcla orígenes diversos y una historia que destaca por su calidad humanizante, su vocación por la cultura, el conocimiento y su fe católica. Mérida tiene su proyecto que es necesario leer desde su emplazamiento y desde su proceso histórico, como cualquier otra ciudad. Nadie puede imponerle a la ciudad su proyecto político, tampoco su improvisación irresponsable, ni puede elaborarse un plan sin el acuerdo político, el concurso de expertos y sin el calor de sus ciudadanos, siempre a partir de la lectura de su mensaje. A partir de allí deben desprenderse sus planes, sus programas y sus proyectos.

Hoy la ciudad y su gobierno no pueden actuar intramuros porque el impacto de la globalización la condena al fracaso. Los impactos de la nanociencia y de las TICS son ineludibles para bien y para mal. Serán muy negativos si se ignoran porque marginan en forma despiadada, y pueden ser positivos si se sigue el camino que sugiere Francisco González (2013) en su tesis de la lugarización, cuando señala que: "La lugarización, como definición proemio, son todos los procesos que revalorizan a lo local, en el contexto de la globalización. Es la inclinación global hacia la valorización de lo local. Es el cambio en la naturaleza de los lugares, como consecuencia de los procesos de conexiones complejas y de transformaciones identitarias, propias de la globalización." (p. 51)

La ciudad supone unos mínimos, mejor óptimos, que aseguren la subsistencia, la calidad de la convivencia, el orden, la armonía con la naturaleza, la riqueza del lenguaje y de sus diálogos, su financiamiento lo más autárquico posible para que sostenga su autonomía. En fin, el cuidado de su economía, de su paisaje, de su orden y de su seguridad, de su integración, de su cultura y de su belleza. La ciudad requiere de la aptitud y honestidad de sus élites y de sus gobiernos con capacidad de asumir una gestión de largo aliento, abiertos a la participación ciudadana, al reconocimiento de los liderazgos dentro de un orden democrático que impida los daños de los autócratas, de los demagogos y de los ignorantes.

El Informe Mundial de Ciudades 2016 que se presentó el miércoles 5 de octubre de ese año en Nueva York, es el resultado de 20 años de estudio y sirvió de base de la tercera edición de la conferencia de ONU Hábitat sobre desarrollo urbano sostenible Hábitat III, que se efectuó en Quito, con el fin de marcar la agenda del crecimiento de las ciudades para las próximas décadas. El Informe incluye cinco principios irrenunciables: a) Asegurar un nuevo modelo que proteja los derechos humanos y el cumplimiento de la ley; b) garantizar un crecimiento inclusivo; c) empoderar a la sociedad civil, d) promover la sostenibilidad medioambiental y e) promover las innovaciones que faciliten el aprendizaje y compartir el conocimiento. La Asamblea General de la Organización de Naciones Unidas aprobó en su Asamblea General el 25 de septiembre de 2015, la Resolución "Transformar nuestro mundo: la Agenda 2030 para el Desarrollo Sostenible" que incluye el Objetivo 11. "Lograr que las ciudades y los asentamientos humanos sean inclusivos, seguros, resilientes y sostenibles", sobre el que se hará un análisis más adelante.

Todo, a fin de cuentas, depende de la intensidad de la ciudadanía, de la pasión de los habitantes por su ciudad, del amor por ella expresado en compromisos y acciones. Es la única garantía de que los procesos políticos estimulen la presencia de los mejores ciudadanos en el gobierno de la ciudad, que a fin de cuentas será la mejor garantía de un buen gobierno. Porque la calidad del gobierno depende de la calidad de la política local y de los procesos de su administración.

V. LA EXPRESIÓN POLÍTICA DEL GOBIERNO DE LAS CIUDADES: EL MUNICIPIO

Con más de dos mil años de historia, el municipio se mantiene como la institución más común y más idónea para el gobierno de las ciudades. Desde antiguo ha tenido sus *fortalezas y debilidades*, muchas de las cuales siguen unidas a él como formando parte de su naturaleza. Cada tiempo y cada lugar dibujó sus matices habida cuenta de los componentes particulares de cada sistema y les agregó los propios dependiendo de las circunstancias. El siglo XXI llega con un municipio cargado de siglos, pero antes que un anacronismo incapaz de enfrentar los nuevos retos, pareciera que la pátina del tiempo lo hubiese fortalecido y preparado para seguir su andadura quién sabe por cuánto tiempo más.

No es el caso ahora hacer historia municipal, pero sí señalar que, en tiempos tormentosos de conflictos y guerras, mientras los poderes centrales se han ocupado de la muerte, el municipio ha estado al lado de su gente. Los peores momentos los ha vivido cuando se han impuesto los autócratas y dictadores que concentran el poder, eliminan la autonomía municipal y designan cónsules y subalternos, muchas veces entre la propia élite local, que han sustituido a los ciudadanos investidos de la soberanía popular. El intervencionismo centralizador siempre ha producido consecuencias desastrosas para la ciudad y sus habitantes cuando desde el poder central se ha dudado de las capacidades locales para gestionar sus asuntos, se le han negado recursos políticos y financieros, recurrido a mecanismos de sometimiento y coartado las iniciativas. Por el contrario, cuando se ha procedido apelando a relaciones de cooperación, a mecanismos de coordinación, o brindando apoyo y asistencia técnica y financiera, es decir, acompañando al municipio en sus esfuerzos de gestión de los intereses locales, en la búsqueda de soluciones negociadas, entonces los éxitos y logros han sido evidentes. Esa es la experiencia que puede ser constatada en miles de municipios, unos reducidos a entelequias burocratizadas y los otros orgullosos de sus éxitos. Basta viajar, leer los informes o recorrer los incontables caminos de Internet para darse cuenta de que las vías francas son conocidas, como también las trochas por donde han metido al municipio quienes apuestan por la centralización. Por supuesto que cuando el poder central es tiránico y concentra el poder y los recursos, si los tiene en abundancia, le será suficiente montar un aparato burocrático y los distribuye generando bienestar sin libertad. Es el caso de China a partir de su conversión del comunismo al modelo capitalista salvaje.

Existen otras formas de gobierno de las ciudades como los principados, las comunas, los regímenes fundamentalistas islámicos, los gobiernos tribales o la anarquía. Pero cuando nos referimos a un sistema cuyos componentes básicos son la democracia, la autonomía, la atención de determinadas competencias y disposición de recursos propios, entonces estamos en presencia del municipio. Estos elementos suelen presentarse con muchas o pocas deficiencias, pero ello no desnaturaliza la esencia del modelo municipal.

El municipio es una institución política, un sistema de autogobierno urbano que atiende los asuntos propios de la vida local y una instancia de gestión de los servicios públicos.

El municipio se define como el sistema de gobierno autónomo de una ciudad. Es en primer término autónomo porque tiene las posibilidades de tomar decisiones sobre los asuntos propios de la vida local sin sujeción a otra autoridad política. La autonomía es en primer lugar política porque sólo sus habitantes están habilitados para elegir a quienes ejercen el gobierno local y solo sus habitantes pueden ser elegidos para ocupar dichos cargos. Eso significa que el sistema electoral debe considerar el municipio como una circunscripción electoral singular. La autonomía política comprende además la potestad de establecer las reglas jurídicas locales que aseguren la convivencia, la tranquilidad, el bienestar y la prosperidad de sus habitantes con arreglo a sus propios intereses. Estas normas se denominan ordenanzas y son leyes en sentido material y en sentido formal. El gobierno local es colectivo porque cuenta con un cuerpo pluripersonal que sanciona las ordenanzas y decide en última instancia sobre las materias que debe atender, los ingresos propios y en que se deben gastar, y sobre cualquier otro asunto de interés local. Este ente se denomina concejo municipal, cabildo o ayuntamiento, palabras equivalentes, aunque puedan significar pequeñas diferencias. Puede o no haber un ejecutivo, aunque parece ser esencial al municipio, dependiendo de la complejidad de los asuntos que debe atender. La autonomía política también significa que las decisiones del gobierno municipal sólo son revisables por el Poder Judicial, jamás por una jerarquía ejecutiva provincial ni nacional.

El ejercicio autonómico del poder local no significa independencia ni autocracia, porque se practica dentro de su propio subsistema jurídico que a su vez se integra con los sistemas jurídicos provincial, regional, nacional y supranacional, que le establecen pautas y condiciones con el fin de lograr coherencias y armonías más amplias. El subsistema jurídico local es parte del sistema jurídico, pero tiene una particularidad aparte de los valores de asegurar la libertad y la seguridad, y es el sentido bastante más específico de ser la garantía del bienestar, la prosperidad y la convivencia. Por ello el Derecho Administrativo adquiere una gran importancia porque se refiere a la cotidianidad de las relaciones entre administrador y autoridad local, en lo que atañe a ordenación del territorio, urbanismo, patrimonio, servicios públicos, espacios públicos, abastecimiento, convivencia y en general cuanto sea materia propia de la vida local.

En el ejercicio de sus competencias tienen un amplio marco regulatorio externo como sucede con los otros dos niveles territoriales de gobierno, porque las materias propias de la vida local comprenden asuntos que trascienden el ámbito de la comunidad urbana. La existencia de referentes espaciales más extensos y la creciente interdependencia de la sociedad imponen condiciones que comprometen a la comunidad local, dado que es en ésta precisamente donde se realiza la existencia humana. Estas complejas circunstancias demandan cuidadosos mecanismos de relaciones entre los diferentes niveles territoriales de gobierno de modo que cada materia sea atendida de la forma más eficiente y respetuosa posible. Por supuesto, aquí entra en juego el poder, por lo que solo la democracia, es decir, la recta valoración de los intereses de cada ámbito político con libre participación de sus habitantes, ofrece las garantías para que no se antepongan intereses extraños y se preserve la libertad.

De manera semejante es el tratamiento de los esquemas de financiamiento de las competencias que corresponden a cada ámbito político territorial, que demanda un complicado cálculo orientado a poner los recursos donde sean más eficientes, también con respeto a la naturaleza local, provincial, regional o nacional de la materia imponible, así como a las políticas de transferencias que pongan los asuntos donde mejor puedan ser atendidos.

El municipio es la expresión política de la comunidad urbana local, llámese pueblo, ciudad, metrópoli, villa o centro poblado. Es el gobierno propio de una comunidad en la que se produce una red de relaciones que pueden ser sencillas como en un pequeño poblado, o de gran complejidad como en una ciudad metropolitana, pero que son identificables y propias del sistema urbano en un ámbito diferenciado. No se da el municipio en ámbitos rurales porque en ellos no se producen las relaciones de vecindad propias de lo urbano, que se caracterizan por existir una trama urbana con casas adheridas unas a otras, calles, espacios públicos por elementales que sean, a menos que en ellos se hayan desarrollado unas relaciones típicamente urbanas de relaciones anónimas, servicios públicos, servicios sociales y comercio local. En el ámbito municipal no es correcto decir "pueblo rural" para referirse a la pequeña comunidad de escasos habitantes, puesto que si en ellos existe vecindario se trata de una realidad urbana, en términos municipales.

El gobierno local parece ser indispensable para alcanzar la tranquilidad, el bienestar y la prosperidad de la colectividad local. El principio de subsidiaridad recomienda poner las cosas en manos de la sociedad, y si esta no es eficiente, entonces deben ser atendidas por el gobierno local, es decir, por el municipio, y si este resulta superado por la complejidad del asunto, va ascendiendo hacia los niveles territoriales hasta alcanzar el ámbito supranacional, si lo amerita. Hoy son pocos los asuntos que pueden ser atendidos de manera exclusiva por un solo componente social o nivel político territorial dado la naturaleza sistémica alcanzada por la realidad social, de modo que, si bien se pueden distinguir subsistemas particulares, al final se encuentra con que todo está relacionado. De allí que el municipio, en la atención de los asuntos propios de la vida local, se ve atrapado en la red, forma parte de subsistemas diferentes y a distintos niveles que condicionan sus decisiones. Esto es conveniente siempre que quede un campo libre para que el municipio desarrolle iniciativas, preserve los localismos que aportan valores de identidad y enriquezca y aproveche las potencialidades locales. Hay estándares de calidad, modelos de gestión, pautas de actuación que han sido fruto de experiencias exitosas y aportes de la ciencia y de la tecnología que son recomendados e incluso impuestos por los organismos gubernamentales o instancias internacionales, que contribuyen a mejorar el desempeño del municipio, como los Objetivos del Desarrollo Sostenible 'ODS'.

No es fácil lograr los macro-equilibrios necesarios para que funcione adecuadamente el principio de subsidiaridad y cada estructura atienda lo que le es propio en el cuadro de relaciones del sistema social y de los subsistemas económico y político, que son los que más tocan al ejercicio del gobierno local. De ahí que sea de primera importancia la definición de un marco regulatorio que deposite las responsabilidades públicas en el nivel de gobierno apropiado, que desagregue las materias y atribuya competencias a quien mejor le corresponda atenderlas, que establezca los mecanismos financieros, defina de la manera más clara posible los mecanismos de coordinación y los procedimientos de negociación, así como las formas de control y supervisión que asegure la correcta actuación y el logro de los fines y objetivos.

Teniendo estas ideas como premisas básicas de lo que entendemos por un modelo ideal municipal, pasaremos a un análisis de cada uno de los asuntos objeto de nuestras preocupaciones para ir elaborando las conclusiones.

Existen varias líneas de análisis doctrinario en relación con la naturaleza del municipio, ya se considere como un sistema político que surge en forma natural, histórica o al menos lógica desde lo urbano, ya se mire como una creación del Estado. Me inclino por la primera vertiente, aunque estoy de acuerdo con que es necesario el reconocimiento jurídico formal en la Constitución, lo cual lleva a una primera afirmación categórica: el municipio es la forma natural del gobierno de las ciudades, otro asunto es que se le reconozca o no. Si un sistema jurídico no permite a una determinada comunidad urbana la organización de un gobierno propio, está negando a esa comunidad y a las personas que habitan en ella el derecho natural, humano y colectivo al gobierno propio, a constituirse formalmente en una comunidad política.

Desde sus orígenes, el municipio es una comunidad política, es decir, de relaciones de poder, por rudimentario que sea, que tiene que ver con el gobierno local. Tiene que existir un poblado, es decir, un grupo de personas asentadas de manera permanente en un determinado ámbito territorial entre las cuales existen lazos de vecindad. Más precisamente es donde prevalecen las relaciones entre un conjunto de familias, el grupo básico de padres e hijos donde se da el proceso fundamental de la socialización. Entre los pobladores urbanos conocidos y anónimos se da de manera cotidiana o habitual un tipo de relaciones. Cuando prevalecen las relaciones humanas entre personas o familias conocidas, entonces nos estamos refiriendo a un "pueblo", es decir, a una ciudad pequeña; por el contrario, en las ciudades propiamente dichas dominan las relaciones anónimas.

Las relaciones humanas en un ámbito urbano son de convivencia y según el tamaño de la población pueden prevalecer relaciones tanto de tipo comunitario como societario. El municipio es el gobierno propio, natural, pertinente de un conjunto de pobladores entre los cuales se establecen relaciones de convivencia. Entre ellos puede o no haber amistad o cualquier otro sentimiento o vínculo, pero el tipo de relación que le da piso al municipio es el que vincula a los habitantes de un ámbito territorial por su existencia cotidiana. Lo que une a un colectivo urbano es el hecho de coexistir dentro de una más o menos compleja red tejida sobre la convivencia en un determinado territorio. No son, en consecuencia, sólo relaciones de naturaleza económica, sino también de naturaleza social y política.

La convivencia es un medio indispensable para la satisfacción de las necesidades humanas básicas de ser, tener, hacer y estar. Manfred Max Neef (p. 52-53, 1993) ofrece un cuadro sobre las necesidades humanas, primero las muy básicas como la subsistencia, la protección y el afecto. Preferimos este cuadro a la conocida Pirámide de Maslow por su utilidad desde la perspectiva de la ciudad. La subsistencia implica salud, alimentación y trabajo. La protección es seguridad personal, ciudadana, de los bienes y social. El afecto es amor que se satisface en pareja, familia y relaciones sociales. Luego el autor chileno amplía las necesidades humanas básicas y le agrega entendimiento, participación, ocio, creación, identidad y libertad.

Un asunto de importancia que es preciso dejar bien claro es la naturaleza de las relaciones que unen a la población de la ciudad. Los diversos tipos de relaciones que constituyen la red urbana y son consecuencia de acciones espontáneas, naturales, no voluntarias de las personas involucradas en la relación, o si no, son consecuencia de encuentros reflexivos y voluntarios. Estas diferencias van a producir distintos tipos de estructuras que se acomodan a la naturaleza de la relación. Las relaciones amorosas producen la pareja, el matrimonio y la familia, por ejemplo; y entre estas, a su vez, porque comparten un ámbito urbano, se generan las relaciones de vecindad y comunitarias. En las primeras, los intereses son básicos: la existencia cotidiana en armonía, la crianza de los hijos, compartir momentos de felicidad y en los tiempos malos prestarse ayuda. La comunidad debe asegurar un entorno apropiado para que se satisfagan los primeros y además se produzcan nuevas relaciones inherentes o propias de la naturaleza humana: la amistad, la complementariedad, la realización personal, la tranquilidad, el bienestar y la prosperidad. El tipo de relación comunitaria une a las personas por razones de vecindad y para satisfacer las necesidades básicas de subsistencia que debe aportar el hábitat, como, por ejemplo, los espacios íntimos, la vivienda, el vecindario, los servicios básicos, los espacios públicos, la movilidad, el intercambio.

De las relaciones comunitarias surgen organizaciones como las asociaciones de vecinos, los condominios y las asambleas de ciudadanos. Entre los miembros de estas formas sociales no ha mediado una decisión voluntaria para establecer la relación. Salvo casos excepcionales, no es posible escoger los vecinos, ni de un espacio urbano, menos los cohabitantes de una ciudad. Las relaciones son de naturaleza vecinal, no familiar, y de ellas surgen unas estructuras que son adecuadas para que dichas relaciones se den y se puedan resolver las diferencias que surgen entre sus miembros. Pero cada habitante tiene además intereses de distinta naturaleza, inclinaciones por diversas actividades económicas, religiosas, deportivas, artísticas, educativas, sociales, ecológicas. Estos intereses producen un tipo de relaciones más funcionales y generan a su vez estructuras características, como la empresa, la parroquia eclesiástica, el club, las asociaciones civiles, las fundaciones, los compañeros de trabajo, el sindicato, el colegio profesional, los grupos informales etc. El vínculo que une a las personas es un interés determinado y en torno a él sus actividades. De particular importancia son los negocios y en general las actividades económicas, que vinculan a las personas por el interés de generar los recursos necesarios para subsistir y prosperar. El tipo de estructuras que surgen son de naturaleza empresarial, de negocios, incluso institucionales y la gente se une para organizarlas y generar ingresos, o para trabajar en ellas y ganarse una remuneración. Hay un interés económico de por medio. Los intereses pueden mezclarse y en una reunión escolar puede surgir un socio para un emprendimiento, pero las personas no van al colegio de sus hijos a hacer negocios, aunque casualmente surjan.

Por último, existen relaciones de poder que vinculan a las personas por la preocupación que tienen por los asuntos públicos, por el gobierno de la sociedad, bien sea local, provincial o nacional. En este tipo de relaciones hay generalmente un trasfondo ideológico, es decir, ideas sobre cuáles son los objetivos comunes, cómo se puede organizar mejor la sociedad para lograr esos objetivos y que mecanismos son los más idóneos. Existen unos modelos creados por la experiencia y la reflexión que en general respetan los derechos humanos y garantizan el bienestar, y otros que no han tenido éxito y a pesar de ello tratan de imponerse por la fuerza. La naturaleza de las relaciones de poder es política, es decir, une a las personas en torno a un ideario común que tiene que ver fundamentalmente sobre cómo se deben conducir los asuntos públicos. De hecho, las relaciones políticas unen y a la vez separan a las personas; las une la idea común que comparten y las separa cuando la percepción es distinta. De allí surge la actitud e incluso la conducta de las personas frente a la política cuya expresión propia es el partido político y los grupos de opinión, que entran en competencia por lograr una mayor influencia en la conducción del colectivo, en particular desde la estructura de mayor importancia del poder: *el parlamento*, bien sea local, provincial, nacional e incluso ahora el supranacional como el Parlamento Europeo y la Organización de las Naciones Unidas. En él reside la representación de la soberanía popular. También el ejecutivo, por supuesto, cuya importancia depende del modelo político que se adopte. La posición de una persona respecto de un determinado asunto lo inclina hacia una actitud conservadora o liberal, muy tolerante o excesivamente intolerante. Lo normal es que las opiniones estén en la zona de los grises

El cuadro que nos ofrece Manfred Max Neff puede ser de utilidad para detectar las diferencias políticas entre las personas sobre la jerarquía de las necesidades y el énfasis e importancia entre sus satisfactores. Hay que tener en cuenta que las necesidades son concurrentes, relativas, actuales, con un alto grado de subjetividad porque cada persona es un mundo, piensa distinto y tiene aspiraciones propias. Son circunstancias a tener en cuenta al definir políticas locales. Conforme a estas ideas y a partir de allí puede hacerse un gráfico tipo Campana de Gauss para valorar las posiciones de cada individuo sobre la importancia que le otorga a cada uno de los satisfactores, y ubicar las tendencias más radicales y las moderadas, incluso, utilizando los hoy cada vez más difusos conceptos entre izquierda y derecha, o visualizar opiniones populistas, fundamentalistas, racistas y demás expresiones del espectro de la opinión de las personas. Conforme a las opiniones de las personas se pueden agrupar en tendencias, corrientes de opinión, grupos políticos y partidos.

Las opiniones pueden ser sometidas a presiones mediante infinidad de técnicas de manipulación especialmente a través de los medios de comunicación y las redes sociales. Es una de las más peligrosas manifestaciones del poder de las nuevas tecnologías en un mundo globalizado. Existen muchos estudios e investigaciones disponibles en la red sobre este tema que no es pertinente analizarlo ahora en este escrito.

También el cuadro de Manfred Mac Neff, interpretado y adaptado a la realidad local, puede ser útil para los políticos locales y los planificadores urbanos definan las políticas y estrategias de actuación de corto, mediano y largo plazo en sus ámbitos de actuación. Pongamos por caso la necesidad humana del afecto, cuyos satisfactores son según el autor en: Ser: autoestima, respeto, humor, generosidad y sensualidad. Tener: amistades, pareja, familia, naturaleza, relaciones con la naturaleza, animales y plantas. Hacer: amar, compartir, cuidar, apreciar: Estar: intimidad, privacidad, hogar, espacios íntimos, espacios públicos y privados. La ciudad debe ofrecer servicios para satisfacer esas necesidades y por lo tanto tendrá que definir políticas de viviendas, de espacios públicos y áreas verdes, de arte y espectáculos, de deporte y recreación, de residencias y lugares de estar para personas solas, de comedores populares. Existen muchas posibilidades de atención de las necesidades de afecto y acercar a las personas, ponerlas en contacto, intercambiar experiencias e incluso general amistades. En esta categoría de las necesidades humana está el amor propio y la autoestima, para lo cual existen infinidad de posibilidades como la creatividad y en ese aspecto se pueden crear o estimular programas de capacitación y adiestramiento en artesanía, manualidades, arte en sus diversas manifestaciones, nuevas tecnologías, oficios diversos, mejoramiento técnico y actualización profesional. Todo ello puede conducir a nuevos emprendimientos.[3]

---

[3] Una guía útil para el estudio de estos temas es la que ofrece el Banco Interamericano de Desarrollo BID Banco Interamericano de Desarrollo "Guía metodológica del Programa de Ciudades Emergentes y Sostenibles. Cuenta además con una publicación sobre indicadores donde se desglosan más de 120 en tres áreas: sostenibilidad ambiental y cambio climático, desarrollo urbano integral, sostenibilidad fiscal y gobernabilidad. El uso de este instrumental metodológico, como otros disponibles en las páginas de los organismos internacionales como la ONU, es fundamental para que la ciudad y su gobierno cami-

Otro ejercicio interesante es sobre la libertad, cuyos satisfactores son en Ser: Autonomía, pasión, autoestima, apertura, determinación, audacia, rebeldía, tolerancia. Tener: Igualdad de derechos. Hacer: Discrepar, oponerse, elegir, tomar riesgos, asumir, desarrollar una conciencia. Estar: En cualquier lugar y tiempo. El municipio tendrá que garantizar la libertad y la igualdad de sus ciudadanos, porque ambos derechos son compañeros inseparables, mediante una excelente educación, trato justo, respeto a las opiniones y las diferencias, tolerancia dentro de los límites de las reglas pactadas, inclusión, transparencia, inversiones que eliminen barreras entre sectores sociales, entre muchas otras políticas públicas.

Las demandas sobre la ciudad y su gobierno son enormes y variadas, es un gran desafío que debe ser asumido haciendo de la política un servicio. No es que todo lo organice el municipio sino la ciudad, sus habitantes y sus organizaciones, pero el liderazgo debe asumirlo el gobierno de la ciudad.

La expresión más acertada para definir las materias de competencia municipal es: *"asuntos propios de la vida local"*. Se trata de necesidades y aspiraciones que solo pueden ser satisfechas de manera eficiente en el ámbito local, y también de derechos e intereses cuya satisfac-

---

nen con mayor seguridad en la ruta de los Objetivos del Desarrollo Sostenible con las adaptaciones que impone las circunstancias locales.

ción óptima se logra si son atendidos en la escala local. Las necesidades del colectivo urbano se pueden satisfacer generalmente mediante los servicios públicos municipales. Más complejas resultan las garantías del goce de los derechos o de saldar intereses, que son costosos y complejos reclamos a los gobiernos locales, verdaderos desafíos para un municipio que pretenda ser eficiente en tiempos en que las demandas de calidad en los satisfactores son crecientes. Siendo la ciudad el hábitat propio del ser humano, es en ella donde puede y debe satisfacer sus necesidades, y su gobierno el responsable de garantizarlo mediante la prestación de los servicios y el cumplimiento de sus obligaciones. Asegurar las condiciones óptimas, que no mínimas, para que cada quien aproveche sus recursos y desarrolle sus potencialidades para alcanzar el bienestar y la prosperidad con su esfuerzo, para lo cual requiere que la ciudad, en lo que le corresponde, sea eficiente y eficaz, se ocupe de lo que debe hacer y no desnaturalice su papel en asuntos que le pueden distraer de lo fundamental, que es atender a sus asuntos locales.

El territorio municipal está confinado dentro de un lindero más o menos preciso. Es un espacio comprendido técnicamente dentro de una poligonal, físicamente hasta donde llegan las casas adosadas unas a otras y comienzan los terrenos no construidos, psicológicamente hasta donde alcanzan las relaciones urbanas y las demandas por la satisfacción de las necesidades e intereses típicamente urbanos. También comprende las áreas de expansión de las ciudades, aquellos espacios periurbanos que deben ser considerados dentro de las políticas de planeación tanto territoriales como urbanísticas que cumplen funciones esenciales para el descongestionamiento de las ciudades y generan demandas de servicios con sus particularidades. Asimismo, deben incorporarse a los planes los pequeños poblados hasta donde llega la influencia de la ciudad más poderosa, y a las aldeas y caseríos donde no existe la relación de vecindad propia de la ciudad siempre con respeto a sus particularidades. Los espacios naturales, agrícolas, mineros, de recreación y de preservación ambiental comprendidos dentro de un territorio municipal, pueden ser regulados y atendidos por el gobierno local en aquellos asuntos cuya naturaleza es semejante a los que surgen en las ciudades: servicios, controles, reglas que aseguran una cierta convivencia más propia de las ciudades, pero que conviven con relaciones rurales, campestres, naturales que requieren la coordinación con los niveles estatales con competencia en esas materias y con los organismos que las desarrollan.

El tercer elemento tiene que ver con el gobierno local. Puede que las relaciones políticas en algún municipio pequeño no sean fácilmente identificables, pero existe una relación política cuando el colectivo reconoce u otorga autoridad a alguno de sus miembros, quien asume en nombre de todos algún tipo de representación. Cuando la red social adquiere un cierto grado de complejidad, entonces la naturaleza política de las relaciones de poder se ve con mayor notoriedad. La autoridad política en el ámbito municipal se relaciona más con la idea de servicio que con la de dominación, aunque esta no deja de estar presente. El gobierno local tiene en sus manos asuntos

74

bien tangibles y en cuanto a lo político se aleja de la comunidad local hacia ámbitos más amplios, va perdiendo el sentido de servicio, se hace más difuso en cuanto a sus responsabilidades concretas, adquiere una cierta autonomía respecto de la gente, sus necesidades y aspiraciones. Eso no quiere decir que los gobiernos, cualquiera que sea la amplitud de su ámbito, provincial, nacional, internacional, no tengan su primera y fundamental base de legitimación en su disposición para garantizar el bienestar y la prosperidad, sino que en el municipio, la legitimidad parte de ideas mucho más concretas, utilitarias incluso, que tienen como en ningún otro ámbito relación con su capacidad de satisfacer necesidades colectivas y aspiraciones tanto colectivas como individuales en casos muy señalados.

La perspectiva histórica ofrece un municipio con una población que tiene relaciones de convivencia en un ámbito urbano que delega en un grupo de personas la atención de sus asuntos. Esto no ha cambiado en su esencia, sí en cuanto a la creciente complejidad determinada por las transformaciones en el tiempo y la superposición de estilos de vida, valores y culturas, que imponen al municipio nuevos desafíos pero que pueden ser atendidos por una estructura que ha resistido el paso del tiempo y mantiene su lozanía y sus fortalezas.

Probablemente hay pocas cosas nuevas, salvo los asombrosos avances tecnológicos. Así como el Derecho Romano, capaz a más dos mil años de dar respuestas a cualquier problema por muy actual que sea, el municipio muestra unas bases sólidas con grandes habilidades para adaptarse a los cambios, ser eficiente y eficaz en la satisfacción de las nuevas necesidades y demandas de una sociedad en transformación. Los componentes del municipio, esencialmente son los mismos, pero han experimentado cambios impuestos por el avance tecnológico y los cambios culturales.

Matriz de necesidades y satisfactores de Manfred Mac Neff

NECESIDADES	SER (atributos)	TENER (bienes, instituciones, valores)	HACER (acciones)	ESTAR (espacio, ambiente)
Subsistencia	Salud física y mental	Alimentación, vivienda, trabajo	Alimentar, vestir, procrear, descansar, trabajar	Entorno vital y social
Protección	Cuidado, adaptabilidad, autonomía, solidaridad	Sistemas de seguridad social, de salud, trabajo. Legislación social.	Cooperar, prevenir, cuidar, proteger, ayudar	Entorno íntimo y social, vivienda
Afecto	Autoestima, respeto, humor, generosidad, sensualidad	Amistades, pareja, familia, naturaleza, animales, plantas	Amar, compartir, cuidar, apreciar	Intimidad, privacidad, hogar, espacios íntimos, espacios públicos y privados
Entendimiento	Capacidad de crítica, curiosidad, intuición, disciplina, racionalidad, asombro	Literatura, profesores, políticas de educación y comunicación	Analizar, estudiar, meditar, investigar,	Ámbitos de interacción como familia, escuelas, academias, universidades, comunidades
Participación	Adaptabilidad, receptividad, dedicación, sentido del humor, respeto, pasión, solidaridad, convicción, disposición.	Responsabilidades, deberes, obligaciones, atributos, trabajo, derechos	Afiliarse, cooperar, opinar, expresar, acordar, discrepar	Asociaciones, partidos, iglesias, relaciones vecinas, cooperativas, gremios
Ocio	Imaginación, tranquilidad, espontaneidad, despreocupación, humor, sensualidad	Juegos, fiestas, paz interior, calma	Soñar, añorar, relajarse, divertirse, relajarse	Paisajes, espacios de intimidad, espacios públicos
Creación	Imaginación, atrevimiento, inventiva, curiosidad, creatividad, pasión	Habilidades, calificaciones, trabajo, técnicas, destrezas, métodos	Inventar, construir, diseñar, trabajar, componer, idear	Espacios de expresión, de trabajo, de arte, talleres, público
Identidad	Pertenencia, autoestima, diferencia, coherencia	Lenguaje, hábitos, creencias, religiones, trabajo, costumbres, valores, normas, símbolos, historia.	Comprometerse, integrarse, conocerse, reconocerse, actualizarse, crecer.	Lugares de pertenencia, entorno diario
Libertad	Autonomía, pasión, autoestima, apertura, determinación, audacia, rebeldía, tolerancia	Igualdad de derechos	Discrepar, oponerse, elegir, tomar riesgos, asumir, desarrollar una conciencia	En cualquier lugar y tiempo

(1993. p. 73)

VI. LOS CAMBIOS EN LA POBLACIÓN, EN EL TERRITORIO, EN EL GOBIERNO Y EN LAS DEMANDAS CIUDADANAS

Las transformaciones ocurridas a través del tiempo en todos los órdenes también se dan en el municipio tanto desde dentro como desde afuera. La globalización es uno de estos nuevos fenómenos, y la naturaleza de las relaciones globales impone al municipio nuevos desafíos. La población local no tiene la misma composición del antiguo municipio desde su origen hasta bien entrado el siglo XX. Antes, los pobladores de un término municipal se conocían desde siempre y entre ellos se había cocido una identidad bien definida que incluso llevaba a sellar la identidad personal e incorporar al nombre propio el de la ciudad de donde se procedía. Se nacía y se moría allí, en el lar nativo, y por generaciones se mantenían las raíces bien sembradas en el lugar de nacimiento. Los habitantes de la ciudad tenían las mismas costumbres, pertenecían a la misma iglesia; se asignaban las ocupaciones, posiciones y los oficios por tradición familiar e incluso se ubicaban en la trama urbana según su categoría social y el tipo de labores que desempeñaban. Los forasteros constituían una curiosidad y generalmente no eran bien recibidos. La ciudad antigua era endógena, tribal, étnica, y poco a poco se fue abriendo a los venidos de otras partes para integrarlos unas veces bien y otras sin permitirles echar raíces.

Si bien la regla sigue siendo la permanencia en la ciudad donde se nace, la asignación de funciones y papeles no es tan lineal como antes. La educación, la libertad y la igualdad han favorecido la movilidad vertical, la formación de un estrato poblacional medio y la reducción drástica de la aristocracia, hay mucha más movilidad en las élites de modo que la población de la ciudad actual es más igualitaria y más dinámica. Si bien siguen existiendo estratos sociales más o menos diferenciados y su ubicación en el espacio urbano es visible, la ciudad es mucho menos excluyente que la existente hasta mediados del siglo XX. Si antiguamente se ordenaba la ciudad por categorías sociales, hoy la gente vive en los cascos históricos o en zonas residenciales según su poder adquisitivo, no según su 'categoría' social, lo cual hace a la ciudad más homogénea y menos discriminatoria.

La movilidad planetaria que se produce como consecuencia de los cambios tecnológicos en los medios de transporte, comprende los movimientos migratorios, la población flotante, los viajeros frecuentes y los turistas. Cada una de estas categorías tiene sus particularidades y son habitantes permanentes o temporales del municipio. La ciudad ya no pertenece a sus habitantes originarios y se tienen que generar mecanismos de integración y asimilación de los que van llegando. Por supuesto, no siempre se da el proceso de integración, por lo que se forman enclaves o guetos con gentes de la misma procedencia que constituyen un reto para el municipio, que debe comprender por igual a los antiguos habitantes y a los recién llegados. Pero eso no siempre es posible porque existen grupos étnicos que se resisten a integrarse, que sólo persiguen objetivos económicos o de mera sobrevivencia y reproducen sus costumbres en un espacio de la ciudad cerrándose a la integración. Existen graves retos con respecto a grupos de población que profesan religiones o conservan culturas que contrastan abiertamente con las propias. Este es un formidable desafío al gobierno local que tiene que garantizar a todo el derecho a la ciudad.

Hay también ciudades con determinadas características que atraen a una notable población flotante: ciudades estudiantiles, vacacionales y donde se generan otro tipo de actividades atractivas para un apreciable número de habitantes que no viven de manera permanente en la ciudad ni tienen por qué integrase a ella, pero que es una masa poblacional que demanda servicios y sin embargo no asume la ciudadanía local. Luego, el turismo, una actividad económica de gran importancia que impone a la ciudad que ha apostado por una estrategia de desarrollo basado en él, unos desafíos particulares que tienen que ver con la presencia en ella, generalmente por temporadas, de un número de personas que puede exceder el número de sus habitantes. Es una población que también demanda servicios, que impone cargas al municipio y que no tiene por qué asumir las cargas o las responsabilidades de los residentes.

El territorio municipal actual es mucho más complejo y puede comprender los ámbitos de expansión urbana, las zonas industriales, las áreas periurbanas de crecimiento espontáneo, grandes zonas de influencia donde existen procesos de metropolitanización. El municipio puede estar comprendido en el área de influencia de otro más poderoso, circunstancia que tendrá que pesar en las decisiones del gobierno local. En cuanto a la ordenación del territorio, el municipio actual no puede constreñir sus actuaciones dentro del límite urbano porque la dinámica le obliga a asumir responsabilidades en la planificación del territorio sobre el cual ejerce alguna influencia o del cual depende para atender demandas como agua o energía, que si está dentro de otro término municipal, no le queda otro camino que generar mecanismos de cooperación o de integración.

El componente gobierno ha experimentado los desafíos de la globalización y está cada vez más condicionado por los avances tecnológicos que demandan conocimientos técnicos y asesorías especializadas. La gente demanda más calidad en la prestación de los servicios tradicionales y nuevos servicios públicos, acceso a los bienes tecnológicos, mayor transparencia, fortalezas para mantener la identidad y capacidad para integrarse a los procesos globalizados. Ya no se trata de un municipio que se conforme con prestar los servicios públicos básicos, sino de un municipio innovador y emprendedor que lidere el desarrollo local y asegure más calidad de vida a sus habitantes. El desafío adquiere una nueva naturaleza distinta al tradicional papel que venía desempeñando históricamente. El municipio tiene que buscar alianzas con otros municipios, entes internacionales, empresas, organizaciones no gubernamentales, vincularse a redes innovadoras que le permitan asumir con seguridad retos audaces.

También la población demanda nuevas formas de participación más eficaces de modo que las decisiones gubernamentales tomen en cuenta sus criterios u opiniones, los involucren en soluciones a determinados problemas, les facilite la comunicación con sus representantes. En este sentido se hace indispensable ampliar los mecanismos de participación directa de la población en los asuntos del gobierno, aprovechar las redes sociales, incorporar Internet y las ilimitadas posibilidades que ofrece. No me gusta la expresión "gobierno electrónico", una chocante frase que sugiere la posibilidad de que la participación se reduzca al ámbito virtual, cuando es la cercanía personal la característica más rica e importante del gobierno local.

VII. VIEJAS Y NUEVAS PATOLOGÍAS QUE TRASTORNAN LA VIDA EN LA CIUDAD

La comunidad y la sociedad no son armónicas sino conflictivas. Sin caer en el extremo de Hobbes, no hay duda de que las patologías sociales forman parte de la normalidad en las relaciones humanas; porque la naturaleza humana es imperfecta y hay diversidad de tendencias, valores contradictorios, culturas distintas, deficiencias, problemas que entran en contradicción con la convivencia y la quebrantan. En la comunidad sucede con frecuencia cotidiana la confrontación que es natural porque cada persona es distinta, piensa distinto, hay diversos grados de integración, conviven el amor y el odio, la tranquilidad y el conflicto. Estos problemas se hacen más agudos y más difíciles de manejar a medida que la estructura social se hace más compleja. En el extenso catálogo de las patologías es necesario destacar aquellas que tienen que ver más directamente con la convivencia y con el gobierno local, y que son, a mi juicio, las siguientes: la ignorancia y las carencias en la cultura ciudadana, la pobreza extrema y la exclusión, la intolerancia y el egoísmo.

La ignorancia y las carencias en la generación de ciudadanía es quizá el principal obstáculo a la convivencia. Un colectivo con valores distorsionados o carentes de ellos no es viable. La convivencia en un espacio urbano presupone la existencia de un mínimo de valores compartidos, de que cada uno de sus integrantes posea unas cualidades mínimas, interiorizadas que formen parte de la personalidad de modo que su conducta privada y pública espontánea, natural, favorezca las relaciones armónicas entre los miembros de la comunidad local. Se trata de lograr en la ciudad un clima de confianza, el sustrato psicológico fundamental para la convivencia, de modo que los habitantes tengan la conducta esperada según los valores compartidos. Porque los seres humanos no somos perfectos y cualquiera puede salirse se la conducta esperada, la ciudad debe contar con los mecanismos y sanciones para prevenir y corregir al infractor. La ignorancia y las carencias de ciudadanía se da en todos los estratos sociales porque si bien, en principio, pueden estar relacionadas con la pobreza extrema y la exclusión, la primera no es exclusiva de ellas; por el contrario, es más visible y más dañina cuando son manifestaciones de personas o grupos de los estratos medios y altos que cuentan con recursos para actuar con ventaja y gozar de privilegios. La ignorancia y las carencias de ciudadanía se ven mucho más en los espacios públicos, en los cuales se supone un comportamiento estándar de los usuarios y el respeto a unas reglas básicas que se suponen conocidas y admitidas por todos. La grosería, el vandalismo, la agresividad y el irrespeto a los demás son conductas comunes que conspiran contra la calidad de vida en la ciudad.

La pobreza extrema y la exclusión son dos formas inadmisibles de negación de los derechos humanos fundamentales. Son enemigos de la ciudad porque niegan a quienes sufren estos males el derecho a la ciudad y a todos los demás derechos emergentes. No puede la ciudad permitir la existencia de bolsones de pobreza ni guetos donde se desconoce la dignidad humana, no es admisible dar la espalda o voltear a otro lado para ignorar a una población que tiene tanto derecho como los demás a las ventajas que ofrece vivir en una ciudad. Es al municipio en primer término a quien corresponde la responsabilidad de enfrentar con toda responsabilidad la atención de la pobreza extrema y la exclusión mediante programas fundamentados en la educación, la salud, la vivienda, los servicios y el empleo. El primer gran problema de la población sometida a este flagelo es el sentimiento de abandono, la convicción de que a nadie más importa su situación y se la ve como un estorbo, como una llaga que afecta la ciudad.[4]

---

[4] Las Jornadas sobre Municipio y Pobreza cumplieron su objetivo: La definición de políticas públicas municipales, estadales y nacionales para superar la pobreza. Los participantes y la metodología utilizada permitieron rescatar las ideas y valores asociados a los conceptos de pobreza, riqueza, equidad e inequidad. Los participantes pertenecían a grupos heterogéneos que aportaron una visión amplia y variada del objeto de análisis. Compartieron en las Jornadas miembros de Asociaciones de Vecinos de sectores populares, oficiales y agentes policiales encargados de los servicios de seguridad en zonas marginales, representantes de los Consejos Locales de Planificación Pública y de los Consejos Estadales de Planificación, concejales de municipios rurales, académicos dedicados a los estudios o sociales, representantes de los sectores empresariales, del Ministerio de Planificación y Desarrollo, representante del PNUD y de la KAF. El estudio se realizó en el año ... bajo la dirección de Fortunato González Cruz, director de CIEPROL. La metodología escogida permitió elaborar los conceptos de pobreza, riqueza, equidad y no equidad desde la perspectiva particular de cada uno de los participantes y desde la institución que representaba en el evento. Se trató de la elaboración de mapas o "collages" y la realización de dramatizaciones, bajo una técnica dirigida por profesionales del Centro de Estudios Psicológicos de la Universidad de Los Andes y del grupo "Humanic" integrado por sociólogos y antropólogos. Luego se realizaron exposiciones a cargo de expertos. Al final se elaboraron las políticas. La mayoría de las propuestas de políticas públicas asignadas a los niveles territoriales de gobierno fueron de naturaleza intangible relacionadas con los valores de convivencia, participación, solidaridad, tolerancia y educación cívica. Otro aspecto importante es la relación que

La intolerancia es un mal cada vez más visible. Si en tiempos pasados, la naturaleza endógena de la población municipal hacía natural la actitud de rechazo al que era distinto, hoy eso es absolutamente rechazable. La apertura de las comunidades y sociedades, que se manifiesta en un cosmopolitismo y en la pluralidad de componentes culturales, hace de la intolerancia un vicio urbano inaceptable. Eso no implica que las minorías tengan más derecho que las mayorías, como a veces se observa, y que les sea lícito imponer formas culturales, conductas personales o modelos sociales atrincheradas en unos supuestos derechos que menoscaban los derechos de los demás. La ciudad es un sistema complejo de relaciones y estructuras que debe guardar un equilibrio dinámico en el que las minorías desempeñan un papel importante pero no más que el de las mayorías. La clave quizá esté en que cada quien encuentre en la ciudad el espacio adecuado sin molestar a nadie. Esto no parece fácil, pero la ciudad tiene que dar respuestas para que se dé la coexistencia armónica, porque hay extremismos y grupos radicales

---

hicieron los participantes entre educación formal y no formal y los valores de riqueza y equidad. Es digno poner de relieve las políticas dirigidas al reforzamiento del vínculo de las personas con su lugar, al papel del Municipio en la generación de valores y en las posibilidades reales para salir de la pobreza. Las políticas públicas asignadas a los Municipios y a los Estados se pueden resumir en las siguientes: Fortalecimiento del tejido social, educación en valores cívicos; generación de sentimientos de pertenencia y ciudadanía; autoestima.

cuya conducta rompe la convivencia y la tranquilidad. En estos casos, la actuación del gobierno local requiere gran cuidado, pues todo derecho tiene su límite en el derecho ajeno. Los egoísmos exclusivistas demandan actuaciones firmes que los frenen y aseguren la convivencia.

En este tema de las tendencias malignas destacan los clásicos de las dictaduras y las nuevas amenazas de los fundamentalismos religiosos, los nacionalismos extremos, el narcotráfico, las organizaciones criminales y nuevas formas de delincuencia trasnacional. Si bien estas macro tendencias patológicas afectan a todo el planeta, preocupa el efecto que tienen en el ámbito urbano, y es en él, en la ciudad, donde deben ser combatidos, aunque requieran estrategias que superan en mucho las limitadas posibilidades locales. Existen fundamentalismos que supuestamente defienden derechos y asumen conductas radicales, intolerantes y violentas que tratan de imponer por la fuerza sus particulares ideologías o creencias, y les niegan a las mayorías sus derechos. Tal es el caso de algunas manifestaciones animalistas que tratan de imponer a los demás el veganismo o sus particularísimas formas de pensar. Muy peligrosa e incluso inhumana es la tendencia extrema de considerar a los animales como sujetos de derecho, desconociendo que el único ser con derechos es el ser humano, y que respecto a los animales tiene deberes de preservación y de cuidado en especial en los casos de animales domésticos.

Las dictaduras clásicas establecidas por golpes de Estado tienen en el siglo XXI poco espacio, lo cual no significa que dejen de existir, porque las nuevas formas dictatoriales se encapuchan con normas constitucionales y legales hechas e interpretadas a la medida con la intención de mantener una apariencia de legitimidad y de legalidad. Aprovechan la debilidad del sistema internacional de protección de la legalidad internacional y de los derechos humanos, así como alianzas con regímenes semejantes para caminar en el borde democrático. Así sobreviven las viejas tiranías que someten a sus pueblos mediante renovados mecanismos de dominación: populismo, nacionalismo, patriotismo, manipulación mediática, fraudes electorales, miedo, corrupción. Estos regímenes tienden a la concentración del poder y a liquidar a la autonomía municipal e incluso al propio municipio. Los delegados territoriales o funcionales del poder central, los organismos del partido oficial u otros mecanismos de supuesta democracia directa como las comunas o las asambleas del poder popular, sustituyen a la autoridad local, que, aunque sigue existiendo en el papel, en la práctica se va menoscabando hasta llegar a su eliminación. La consecuencia es pérdida de libertades, ineficiencia y atraso.

Las ideologías reduccionistas como aquellas visiones platónicas de las cavernas que distorsionaban la realidad e imponían percepciones subjetivas, parecía que formaban parte de una experiencia histórica superada, pero no es así, porque hoy tanto como ayer forman la tramoya donde se tratan de imponer intereses de personas y grupos. Falsean la historia, interpretan en forma torcida la naturaleza humana, manipulan los sentimientos humanos, crean mitos y logran formar adictos. Son una amenaza a la convivencia y pueden eventualmente contar con el apoyo de la mayoría de los electores, en cuyo caso, al asumir el poder, conducen a la sociedad en su conjunto al despeñadero, como ha sido en todos los tiempos y afectado a muchas sociedades. Los fanatismos con un psicópata al frente constituyen una amenaza actual mucho más letal que en tiempos pasados, puesto que hoy existen más y mejores tecnologías al servicio de la dominación. También es cierto que los altos grados de integración mundial pueden, y efectivamente lo han logrado en algunos casos concretos, poner freno a lo que constituían unas aberrantes negaciones de los derechos humanos en sociedades determinadas que amenazaban al conjunto de la sociedad internacional. Que haya delitos de lesa humanidad que no prescriben, que sus autores no puedan recibir beneficios procesales, que ciertos delitos sean de jurisdicción internacional y que sus autores no puedan ampararse en el vetusto principio de la soberanía nacional, son mecanismos universales de defensa contra semejantes amenazas.

Los fanatismos religiosos como el fundamentalismo islámico y ciertas religiones o sectas cristianas, aparte de que puedan ser amenazas planetarias, constituyen núcleos de activismo que pueden dominar sectores de la ciudad o ciudades enteras y hacen difícil la convivencia ciudadana. De la misma manera, los nacionalismos extremistas también constituyen males que afectan al cuerpo social en tal grado que hacen muy difícil la convivencia.

Hoy parece que se expanden algunas formas criminales de extrema peligrosidad ligadas al crimen organizado, al narcotráfico, a delitos que tienen escenarios mundiales contra los cuales los estados se han mostrado incapaces de controlar. Hay ciudades tomadas por estas bandas que afectan la vida colectiva, la tranquilidad, que es un bien fundamental de la ciudad, la seguridad de las personas y sus bienes.

Hay nuevas formas de manipulación que aprovechan el enorme poder de los medios de comunicación social y las redes sociales para generar conductas que se acomoden a sus intereses ideológicos, económicos o políticos. Jamás se había acumulado tanto poder en un mismo sector a escala planetaria, de modo que es cierta la posibilidad de establecer estándares en valores que responden a intereses financieros, comerciales, políticos, religiosos o de cualquier otro orden. Sólo la pluralidad de medios puede combatir semejante amenaza de modo que los ciudadanos puedan optar con libertad de criterio por el medio o el tema que gusten, para lo cual se requieren cada vez más pertrechos educativos y culturales de modo que esa libertad no sea constreñida por la ignorancia. Hay tendencia a una excesiva regulación, lo que conduce a que sea el Estado, y en definitiva los políticos, quienes decidan por la gente sobre lo que debe verse y oírse, lo cual tampoco es justo ni conveniente. Los habitantes de la ciudad deben contar con diversidad de medios y de contenidos para que se pueda usar la libertad de información y entretenimiento.

Si bien la globalización es un proceso de grandes y rápidos cambios tecnológicos que modifican las relaciones planetarias y producen efectos positivos en todos los órdenes, también ella soporta sus propias patologías. Uno de estos efectos perniciosos de la globalización, en particular de los procesos económicos, es que pone en pocas manos las grandes decisiones y los grandes negocios, con lo cual, las pequeñas y medianas empresas que pueden ser la base de la economía local, se ven sometidas a prácticas globales de carteles y monopolios. Esta nueva patología desplaza la economía local y la sustituye por relaciones que escapan al ámbito municipal, al control de los agentes locales y del propio gobierno. La evolución de la economía capitalista ha depositado mucho poder en las organizaciones financieras, de modo que los bancos y los seguros dominan a los demás sectores económicos, los verdaderamente productivos, como la industria y la agricultura. Las decisiones en el ámbito planetario están controladas por el entramado de poder financiero, el cual, en función de sus intereses, puede condenar a la exclusión a municipios, regiones y países enteros y privilegiar a otros. Estas decisiones estratégicas globales impactan en los municipios que pueden crecer desmesuradamente o ser condenados a la marginación.

VIII. DESAFÍOS DEL SIGLO XXI

1. *Ciudad educadora*

Los formidables desafíos que impone la modernidad obligan a la ciudad y al municipio a ocuparse de manera prioritaria de la educación de sus habitantes, porque todo lo demás está condicionado por este prerrequisito. No puede haber éxito en ningún otro componente del sistema urbano si cada uno de sus habitantes posee al menos una educación básica, un mínimo de habilidades y una apreciable dosis de ciudadanía. La educación formal de calidad es esencial, como la educación que surge del proceso cotidiano de la socialización, de la calidad de los diálogos que se producen en los espacios de la interacción social. El piso sobre el cual se ha construido la ciudad es ese y lo sigue siendo en el siglo XXI. Siempre lo ha sido, pero nunca antes la educación había tenido la importancia que tiene ahora. El recurso más importante en esta tercera revolución tecnológica es el cerebro: si en la primera revolución lo fue la tierra y en la segunda el capital, hoy es la capacidad ilimitada de la inteligencia humana cuyo desarrollo requiere una sólida base de conocimientos y de actitudes que se adquieren mediante el proceso educativo tanto formal, el de la escuela, como el informal que se va logrando mediante el proceso de socialización. Ninguna otra institución pública tiene una responsabilidad mayor en esta materia que el municipio.

La educación como proceso de formación personal para internalizar valores, adquirir conocimientos y desarrollar habilidades. Nos interesa hacer énfasis en la educación en valores, entre ellos los de ciudadanía que favorezcan el amor y respeto por la ciudad; el conocimiento, significado y el aprecio de su patrimonio como producto de la acción colectiva en el tiempo; la conducta cívica y el sentido de compromiso y corresponsabilidad.

Una educación de calidad es una responsabilidad compartida entre la sociedad, el estado y el municipio, y en cuanto a éste, importa sobremanera porque, como quedó dicho, es el sustento de todo proyecto colectivo. Generalmente se asignan responsabilidades estratégicas y de financiamiento al ámbito nacional, mientras que a los ámbitos provincial y municipal la prestación de los servicios educativos en preescolar, básico, diversificado, la educación técnica y la artística. El nivel educativo maternal es responsabilidad de la familia y fundamentalmente de la madre, como su nombre indica. Es justamente en las escuelas donde el proceso educativo adquiere singular importancia y donde el municipio debe poner más cuidado, para lo cual, seguramente, tendrá que bregar con los otros dos niveles de gobierno. Pero si el municipio apuesta de forma audaz por un desarrollo de calidad, no tiene alternativa, sino que ocuparse de que la educación que se imparte en sus institutos sea de excelencia.

Con igual énfasis tendrá que ocuparse de la educación no formal y del proceso de socialización porque tienen tanta importancia como la primera. Es en el seno de la familia, en el barrio, en la calle, en la cancha deportiva, en los espacios públicos es donde se producen los intercambios que permiten la formación en valores, se aprende a convivir, se transmite la cultura local, se genera el patriotismo cívico o los compromisos con el lugar. De ahí la importancia de tener una vivienda digna, zonas residenciales de calidad que cuenten con sitios que faciliten las relaciones vecinales, espacios públicos para el disfrute de los habitantes de la ciudad, calles ornadas y bien iluminadas, una adecuada monumentalidad, instalaciones para el deporte y la recreación, áreas verdes. Si el municipio asegura a los ciudadanos un hábitat que favorezca las relaciones comunitarias y sociales, las condiciones adecuadas para el encuentro, para las interrelaciones, para compartir, tendrá una población con valores cívicos que a su vez facilitarán la consecución de las metas, los objetivos y los fines que se proponga.

Papel determinante desempeñan el arte en todas sus manifestaciones como elemento de cohesión y formación de valores de convivencia y aprecio por la estética, de ahí que la ciudad debe ser un gran escenario para el teatro, los conciertos, la representación de las manifestaciones audaces del arte callejero, la exposición de las creaciones plásticas de los artistas, la elaboración gastronómica, el lugar de formación del arte escolar y demás actividades que forman los gustos. Del mismo modo el deporte y la recreación son esenciales. El deporte amateur más incluso que el competitivo y la recreación. Se busca con estas actividades la salud corporal y mental, la generación de espíritu de equipo y sentido de colaboración, el esfuerzo conjunto y el compromiso con un símbolo compartido. Es al municipio mediante su aparato institucional, escolar y deportivo el más llamado a la organización de eventos deportivos y de recreación que estimulen el conocimiento, la cooperación y la amistad.

El municipio tiene que recurrir al uso de las nuevas tecnologías de la comunicación y a las novedosas técnicas del marketing para inculcar valores de ciudadanía. El aprovechamiento de los medios de comunicación, las redes sociales, la publicidad comercial, el mobiliario urbano, el transporte y los espacios públicos, todo es válido para generar valores de convivencia. Las expresiones artísticas universales y autóctonas también son elementos que pueden ser usados para elevar la educación y la cultura ciudadanas. Existe un variado menú de opciones que pueden ser aprovechados por el gobierno local para generar las conductas indispensables, generar confianza y asegurar la tranquilidad, el bienestar y la prosperidad.

Hay una definición que se ha intentado institucionalizar de la "ciudad educadora", que entendemos como aquella que está consciente de que sus procesos impactan para bien y para mal en las actitudes públicas y privadas, y por tanto los orienta intencionalmente de manera integral hacia objetivos de formación de la persona en particular en su cultura, valores democráticos y compromisos cívicos.[5] En el Primer Congreso Internacional de Ciudades Educadoras celebrado en la ciudad de Barcelona en 1990, se aprobó una Carta de las Ciudades Educadoras que contiene 20 principios y 3 retos. Dicen los signatarios de la Carta lo siguiente: "Estos son los grandes retos

---

[5] Existe una Asociación Internacional de Ciudades Educadoras que se puede visitar en http://www.edcities.org. Dicho documento está disponible en el sitio web citado y puede servir de guía para el desarrollo de los procesos que favorezcan el papel educador de la ciudad como un sistema complejo de interrelaciones.

del siglo XXI: en primer lugar, invertir en la educación, en cada persona, de manera que ésta sea cada vez más capaz de expresar, afirmar y desarrollar su propio potencial humano, con su singularidad, creatividad y responsabilidad. En segundo lugar, promover condiciones de plena igualdad para que todos puedan sentirse respetados y ser respetuosos, capaces de diálogo. Y, en tercer lugar, conjugar todos los factores posibles para que pueda construirse, ciudad a ciudad, una verdadera sociedad del conocimiento sin exclusiones, para lo que hay que prever, entre otras necesidades, un acceso fácil de toda la población a las tecnologías de la información y de las comunicaciones que permiten su desarrollo."

Más tarde se aprobaron los ODS 30, y se definió el Objetivo 4. Que dice: "Garantizar una educación inclusiva y equitativa de calidad y promover oportunidades de aprendizaje permanente para todos". Esta definición es escueta y no recoge todas las implicaciones que significan los desafíos de la ciudad en materia educadora, por lo que, a la luz de los principios y objetivos del concepto de ciudad educadora, deben ser desarrollados como en efecto está sucediendo.

2. *Ciudad saludable*

Ya no es suficiente que el municipio asegure la prestación de los servicios públicos porque los tiempos demandan un plus de calidad. Habida cuenta de la disponibilidad de novedosos recursos científicos y tecnológicos, del crecimiento de la economía y de la carga creciente de impuestos y contribuciones, los ciudadanos no tienen por qué aceptar que en su ciudad no se disfrute de los altos niveles de calidad que otros tienen. Los objetivos de calidad de los servicios son tangibles, cuantificables, medibles en términos matemáticos.

Una ciudad saludable debe ofrecer a sus habitantes un hábitat de calidad, lo que significa que en la planificación urbana debe tenerse en cuenta, además de los criterios expuestos antes sobre la ciudad educadora, los que han surgido en el movimiento mundial de ciudades saludables que garanticen la salud física y mental desde el momento de la concepción, el tránsito por la vida al nacer, la niñez y la adolescencia, la madurez y la vejez, con políticas claras para hacer la vida mejor a los discapacitados, eliminar todo tipo de discriminación, e incluir a todos con especial atención de los más pobres, de los más vulnerables, de los inmigrantes y de los refugiados.

El Consenso de Shanghái sobre Ciudades Saludables de 2016, auspiciado por la OMS de la ONU, dentro de las líneas determinadas en los ODS 3 (Garantizar una vida sana y promover el bienestar de todos a todas las edades) , Objetivo 6 (Garantizar la disponibilidad y la gestión sostenible del agua y el saneamiento para todos) y ODS 11 (Lograr que las ciudades y los asentamientos humanos sean inclusivos, seguros, resilientes y sostenibles), es una orientación de primera importancia para desarrollar políticas, definir programas y concretar proyectos para optimizar los servicios públicos, en particular los que tienen que ver con la salubridad como agua potable, aguas servidas y desechos, además por supuesto de la atención de la salud de sus habitantes. En este documento, los alcaldes asumieron todos diez ámbitos de actuación que son los siguientes: 1. Atender las necesidades básicas de educación, vivienda, empleo y seguridad; 2. Eliminar la contaminación del aire, el agua y el suelo en las ciudades, y luchar contra el cambio climático; 3. Priorizar el desarrollo humano durante la primera infancia y garantizar que las políticas y programas de las ciudades en materia de salud, educación y servicios sociales no dejen atrás a ningún niño; 4. Proteger a las mujeres del acoso y la violencia de género; 5. Mejorar la salud y la calidad de vida de la población pobre de zonas urbanas, los habitantes de barriadas marginales y asentamientos informales, y que los migrantes y refugiados tengan acceso a viviendas y atención de salud asequibles; 6. Combatir las diferentes formas de discriminación contra las personas; 7. Protección de la salud, en particular de enfermedades infecciosas, y asegurar la inmunización, agua limpia, saneamiento, la gestión de los desechos y el control antibacterial; 8. Promover la movilidad urbana sostenible, los desplazamientos a pie y la actividad física a través de barrios atractivos y respetuosos con el medio ambiente, infraestructuras para un transporte activo, leyes robustas sobre seguridad vial y la accesibilidad de las instalaciones de juego y ocio; 9. Potenciar el acceso a alimentos saludables y asequibles y a agua salubre; 10. Entornos estén libres de humo y prohibir todas las formas de publicidad, promoción y patrocinio de tabaco en nuestras ciudades.

Como se puede ver, el concepto de ciudad saludable es integral e implica mantener la idea de ciudad como sistema, la planificación urbana y los planes urbanos como instrumentos de políticas de desarrollo sostenible, los objetivos formar parte holística, sistémica, como los otros tres grandes desafíos que hemos seleccionado: la educación, la salud y el desarrollo sostenible.

3. *Ciudad sostenible*

Para lograr y mantener un adecuado nivel de bienestar y asegurar la prosperidad de los habitantes es útil el concepto de ciudad sostenible, por lo que al listado tradicional de los "asuntos propios de la vida local" hay que agregar el desarrollo económico y social sostenible, o desarrollo sostenible a secas. La vertiginosa velocidad de los cambios transforma la bucólica lentitud del municipio histórico en un renovado sistema capaz de sacudirse de viejos paradigmas, so pena de condenar a sus habitantes a vivir en condiciones arcaicas, prisionera de sistemas anacrónicos, decrépitos e ineficientes, y lo que es peor, ajena a los procesos de modernización que proporcionan mejores y más elevados niveles de bienestar.

El municipio tiene hoy que acomodar su actuación a un plan estratégico que defina, lo mejor y más consensuado posible, el tipo de ciudad que se desea tener en el presente, para el futuro, y el camino para lograrlo, con la suficiente seguridad como para no quedarse ni perderse, pero también con la flexibilidad que imponen los altos niveles de incertidumbre. El viejo inmovilismo ha dado paso al dinamismo vertiginoso que empuja hacia adelante o condena al atraso, de ahí que el municipio tiene un papel vital que le obliga a estar permanentemente en revisión, adaptándose a los cambios y asumiendo el liderazgo para que la ciudad que gobierna sea innovadora y emprendedora, capaz de asumir con éxito los desafíos de los cambios.

La ONU define este reto en dos de los Objetivos de Desarrollo Sostenible: Objetivo 8: Promover el crecimiento económico sostenido, inclusivo y sostenible, el empleo pleno y productivo y el trabajo decente para todos, y el Objetivo 9. Construir infraestructuras resilientes, promover la industrialización inclusiva y sostenible y fomentar la innovación.

Cada ciudad debe precisar la naturaleza, fines, objetivos y alcance de su desarrollo conforme a sus particularidades, potencialidades, recursos y vocación. Dice Francisco González cuando desarrolla el concepto que ha creado de lugarización lo siguiente:

"Los lugares ya no son lo que eran hasta finales del siglo XX. Su naturaleza es distinta como consecuencia de la globalización, de la sociedad del conocimiento y de los numerosos cambios que emergen en las nuevas realidades. Sus demandas son diferentes, como también sus opciones y sus desafíos. Lugarización es el cambio de la naturaleza de lo local como consecuencia de la globalización. Son las transformaciones que viven los lugares como procesos de traducciones propias, inno-vadoras, creativas y, sobre todo, políticamente consi-deradas, de las fuerzas verticales de la globalización. (p. 14).

Para impulsar la innovación y el emprendimiento, la ciudad en su conjunto y el municipio como gobierno, debe actuar en el desarrollo humano en valores como el amor, la solidaridad, la convivencia, la honradez, la disciplina, la libertad, la responsabilidad, la generosidad, la equidad y el trabajo productivo. Francisco González lo dice con estas palabras:

"El desarrollo local sostenible tiene que ver con las palabras armonía, bienestar, satisfacción, seguridad. En cambio, no es sinónimo, necesariamente, de crecimiento, consumo, gasto, progreso y otras palabras que denotan incremento físico. El ser humano para desarrollarse plenamente detiene su crecimiento corporal y comienza un proceso de mejora cualitativa, de maduración, de realización como persona. Así son las sociedades, una vez alcanzados niveles adecuados de satisfacción de necesidades humanas deben gozar de cierta estabilidad para consolidar sus logros, tradiciones, cultura, manera de ser, para alcanzar su identidad." (p. 5)

Debe actuar sobre el entorno cultural en educación de calidad y trabajo productivo como se dijo, y estimular el bienestar y la prosperidad como fruto del trabajo honrado; apoyar las actitudes innovadoras y el espíritu emprendedor. Tiene el deber de proceder sobre el entorno económico y apalancar empresas familiares, pequeñas y medianas; estimular la creatividad, prestar asistencia técnica. Tiene en sus manos la posibilidad de dar créditos de capital inicial, establecer una política fiscal que estimule el emprendimiento, y simplificar los trámites burocráticos. Intervenir para la creación de un entorno institucional, dar el impulso al emprendedor, ser levadura, la fuerza dinamizadora del ecosistema de innovación y emprendimiento, ejercer el liderazgo político del desarrollo económico y social sustentable.

Muy ligada a la interdependencia ecológica que compromete al municipio en el esfuerzo por el ambiente, está también la creciente vinculación e interdependencia que impone la globalización, proceso fundamentalmente tecnológico, económico y político que se quiera o no, impone desde fuera unos condicionantes a la vida local. El municipio tiene en la globalización un nuevo y formidable reto que le obliga a conocerlo, a comprender sus efectos en el ámbito local, a tomar decisiones políticas dirigidas a preservar la identidad y los valores locales, a enriquecerlos, a cultivarlos y a insertarse para no quedar al margen sino, por el contrario, desempeñar un papel protagónico mediante el aprovechamiento de las potencialidades locales. Actuar para la creación de espacios públicos para la convivencia. Cuando los espacios privados tienden a reducirse, la contrapartida deben ser los espacios públicos de calidad aptos para el disfrute del tiempo libre, adecuados para actividades culturales, para el esparcimiento, para los festejos, para el ocio, para preservar la memoria histórica y recordar los hitos del pasado, los héroes civiles, los hacedores de ciudad. En fin, los espacios públicos son esenciales para dotar a la población local de pertrechos de patriotismo cívico a la vez que se produce en ellos el intercambio y la convivencia ciudadana.

IX. LA CALIDAD DE LA POLÍTICA

La ciudad es una de las mejores obras del hombre y es y será sin duda su hábitat fundamental. Es, con el lenguaje, su mayor creación en su proceso civilizatorio o humanizante. La calidad de la ciudad como hábitat depende de muchas variables. Por ahora, sin dejar de reconocer la importancia de otros procesos urbanos tanto o más importantes que los expuestos a continuación, por el tema a que se refiere este trabajo, se trata de destacar la calidad de su gobierno y de su administración, que dependen mucho de la calidad de la política, de sus políticos, de los partidos políticos y del clima que generan. En cuanto a la administración, de la calidad humana de sus funcionarios y del conocimiento científico y técnico que los califican, todo dentro de un diseño institucional que logre la correcta integración y proporcionalidad de los tres componentes del gobierno: lo ciudadano, lo político y lo técnico.

En cuanto a la calidad de sus políticos hay que destacar los procesos individuales y sociales que llevan a las personas a la política, bien en forma profesional o bien como ejercicio pleno de sus derechos políticos sin ánimo de vivir de la política. Max Weber estudió el tema y clasifica a los políticos en dos tipos: los que viven para la política y los que viven de la política. Este tema es de una complejidad enorme, pero prefiero delimitar estas reflexiones a la ciudad y señalar que, en estos ámbitos locales, la política tiene más de servicio que de poder, incluso en las grandes ciudades. Existen sociedades que muestran el camino de la política cuando comienza en los puestos más pequeños y se mantienen vínculos con estos ámbitos locales aun cuando los políticos suben a los más altos niveles nacionales: Francia, Canadá y Alemania, son tres ejemplos de esa práctica o costumbre. Indudablemente que este camino enseña más a los políticos que los que comienzan por la cúspide del poder. El tema de los partidos políticos también está suficientemente documentado y valorado desde Maurice Duverger hasta hoy. En conjunto, la política local, los conflictos entre gobierno y oposición, sus formas de resolver las diversas posiciones, y por supuesto sus lenguajes y formas de comunicación con los electores crean una ecología de la política local que influye en forma determinante en la calidad de vida de los ciudadanos. La cuestión está en las prioridades de los grupos políticos que hacen vida en la ciudad, de sus valores y principios, de sus adscripciones o vínculos a líneas nacionales e internacionales, valores, ideológicas, intereses, minorías fundamentalistas, demagogos, espontáneos, populismos, mafias, y una enorme variedad de manifestaciones viejas y nuevas, todas más o menos potenciadas en sus vocerías por las redes sociales, esa ancha y desafiante autopista para todo lo que se le ocurra a los seres humanos.

La ciudad demanda una ecología política, es decir, un sistema de racionalidad del poder conforme a equilibrios éticos, valores que coloquen los fines y objetivos superiores de la convivencia para el logro del bienestar y la prosperidad. Un sistema político que permita la confrontación de ideas sobre bases de absoluta racionalidad. Seguramente la política local forma parte del sistema nacional y está condicionado por él; no obstante, e independientemente del mayor o menor vínculo con aquel, es posible crear una "ecología política" particular en las ciudades, como está demostrado en la historia incluso re-

ciente de ciudades que generan unos fuertes particularismos que permiten una mayor autonomía y elevan la
calidad del debate.

Insisto en la importancia de ver la política local menos como un asunto de poder y más como de servicio.
Tiene ingredientes de ambos aspectos, pero sus propor-
ciones deben ser menos de poder y más de servicio que
la propia dinámica de la ciudad irá dosificando. Para lograr un equilibrio entre ambos componentes: poder y
servicio, lo primero es que la ciudad logre la fijación de
fines y objetivos compartidos, lo que significa menos
ideología y más sentido común, más conocimiento y mayor compromiso con lo local. Será necesario un esfuerzo
sostenido en el tiempo para tener claros los significados
históricos y culturales, los condicionantes geográficos y
del emplazamiento, y el carácter colectivo, al menos en
sus definiciones más generales para que la política tenga
los espacios de discusión y se logren acuerdos de dentro
de parámetros razonables que permitan los énfasis de tal
o cual visión. Este trabajo corresponde a los ciudadanos,
en particular a las élites del pensamiento que estudian en
sus laboratorios y aulas sobre las cosas de la ciudad y de
sus entornos inmediatos y mediatos. Se trata de destacar
la importancia de que el proyecto de ciudad comprometa
a las instituciones educativas, académicas, intelectuales,
artísticas, sociales, deportivas, religiosas y económicas
en la creación de la visión compartida. Así como la ONU
fijó unos Objetivos del Desarrollo Sostenible, la ciudad
debe contar con sus objetivos bien definidos, concretos
y cuantificables en el corto, mediano y largo plazo para

que sirvan de orientación al gobierno, a la oposición y a los ciudadanos, y sean útiles como factores de evaluación de gestión y desempeño de sus políticos y de sus gobiernos.

Si se parte de una visión consensuada, es posible mantener la lucha política en términos racionales porque los fines y objetivos imponen una ética de actuación tanto a los que se encuentran al frente de las responsabilidades institucionales como a los que aspiran a la alternancia. Las reglas del juego democrático definen los derechos y los límites de los contendientes tanto para los que gobiernan como para los que son oposición, de manera que se reconozcan y acaten las decisiones de quienes gobiernan y se respeten los derechos y opiniones de los que están fuera y aspiran a entrar a la dirección de las instituciones de la ciudad. Esto vale tanto para lo político como para las instituciones de la sociedad civil. La permanencia de los fines y objetivos estratégicos es fundamental, y cambia lo táctico y los particularismos propios de las diferencias de criterios, dentro de los conocidos estándares democráticos que ponen límites a los extremismos. Quizás estas condiciones sea posible alcanzarlas más en los gobiernos locales que en los nacionales donde la confrontación corre mucho más riesgo de salirse de los cauces normales de la democracia.

La existencia de consensos básicos como los señalados puede facilitar la participación más libre de grupos locales no adscritos a partidos políticos nacionales, con menor riesgo de caer en extremismos, fundamentalismos y otras manifestaciones de radicalismos extremos. En la ciudad se amplía la posibilidad de la participación de grupos de intereses que introducen novedades en la discusión política, como organizaciones o movimientos que demandan el derecho a la expresión de sus ideas y forman parte de la policromía y heterogeneidad de la ciudad. El juego político debe asegurar la autoridad del grupo que representa la mayoría de los ciudadanos y ejerza el gobierno, de manera estable, con los respaldos necesarios y convenientes del cuerpo deliberante, como el respeto al derecho de opinar de las minorías y de buscar consensos para hacer valer sus propuestas. Lo que no es bueno para la ciudad es que las reglas permitan que minorías circunstanciales, oportunistas o extremistas se coaliguen y le arrebaten al grupo mayoritario el ejercicio del gobierno, porque surgen los demonios que llevan a la anarquía y a la irresponsabilidad, como advierte Aristóteles. La democracia es un sistema complejo y difícil de equilibrios de poder. Por ello es bueno para la ciudad que existan grupos políticos con posibilidades reales de alternar. Como asegura Aristóteles, la permanencia de un grupo por mucho tiempo en el gobierno produce desgaste de la calidad de la democracia y genera vicios. La oposición para ser eficaz debe perseguir ser gobierno; en consecuencia, las reglas deben permitir esa opción o se corre el riesgo de caer en las manifestaciones desviadas del gobierno como son la oligarquía, la demagogia y los populismos.

El mundo ofrece un panorama complejo en el ambiente político que se manifiesta en protagonismos de líderes circunstanciales, generalmente populistas, de extrema derecha o de extrema izquierda, algunos provenientes de la antipolítica o propulsados por el discurso de la antipolítica. Es una manifestación del cansancio de la política tradicional apegada a viejos paradigmas y a grupos tradicionales que no encuentra acomodo en una sociedad de cambios vertiginosos. El pueblo, como comunidad política, se cansa de una retórica sin contenidos y resulta fácilmente presa de la seducción de mensajes atrevidos, incluso temerarios. En la búsqueda de alternativas es fácil ser atrapados por ese tipo de liderazgos y caer en patologías que causan mucho daño y poco resuelven. América Latina es un doloroso muestrario de estos males. ¿Se puede salvar la ciudad de estas amenazas? Sin duda que está en mejores condiciones que los estados nacionales, pero le corresponde fortalecer su ciudadanía, la eficacia y la eficiencia de sus municipios, su sistema de planificación territorial, urbana y de su sociedad para que los que vienen a gobernar tengan bien establecidos los parámetros fundamentales de su acción de gobierno. Valdría la pena que los electores se preguntaran ¿Qué tienen los candidatos en sus cabezas? e indagar sobre su familia, su escolaridad, sus gustos, sus principios, sus lecturas. ¿Cuál es el impacto de sus ideas y proposiciones en mi intimidad, mis derechos, mis intereses y en los de mi entorno? Tienen que cuidar mucho la salud de sus grupos políticos y su capacidad para escuchar el "mensaje de los tiempos". Los períodos de gobierno deben ser proporcionales al interés de desarrollar el programa de gobierno de quien gane las elecciones, y salir pronto de los líderes tóxicos.

Sobre este punto hay un asunto delicado que es indispensable plantear. Una antigua ordenanza medioeval ordenaba que *"para ser alcalde de esta ciudad se requiere tener, al menos, caballo de silla"*. Hasta ahora no he logrado recuperar la fuente de este dicho. Su cita no significa en modo alguno que proponga volver al voto censitario ni cosa parecida, pero sí que quienes aspiren al gobierno de la ciudad al menos sean contribuyentes, que es una mínima condición de ciudadanía salvo circunstancias socioeconómicas comprensibles, y que los grupos políticos asuman la responsabilidad de postular a quienes reúnan un mínimo de condiciones de ciudadanía, ser políticos en el mejor sentido aristotélico, es decir, personas con sentido de ciudadanía, con comprobados valores cívicos, que tengan compromisos explícitos con la ciudad, posean un apreciable grado de educación cívica que no significa en modo alguna poseer títulos ni diplomas, sino que gocen de buena reputación como vecinos y ciudadanos, incluso como rezan los códigos civiles, tener la diligencia de *"un buen padre de familia"*.

Yehezkel Dror (1996) en su libro *La Capacidad de Gobernar* invita a reflexionar sobre el gobierno de nuestras ciudades y pueblos y hacerse las siguientes preguntas: ¿Qué cualidades y conocimientos mínimos deben poseer el alcalde y los concejales de una ciudad? Y ¿Cuáles deben ser las condiciones mínimas que debe reunir un alcalde de cualquiera de nuestros pueblos del interior del Estado? Un alcalde pertinente es aquel que encaja con naturalidad en el contexto de la comunidad que gobierna y que debe conocer hasta los rincones. Un alcalde pertinente comienza por ser una persona de la comunidad con preocupaciones políticas, alguien que pertenece en forma plena a su colectivo y su corazón late con las alegrías y las tristezas de sus vecinos. Tiene que ser político, porque la función de gobierno es de políticos, aunque este oficio esté tan disminuido en parte por culpa de la propia política y la seducción del poder, y en parte porque ha sido asaltado por ignorantes y por delincuentes, como la medicina por brujos y curanderos. Quien no sea miembro de la comunidad, no tenga domicilio conocido, ni familia constituida, ni un modo decente de vivir, ni pague impuestos, ni tenga vena política no sería un alcalde pertinente.

Un segundo aspecto es el de la "inteligencia práctica" como califica esta virtud "El Federalista" refiriéndose a las cualidades de la élite gobernante de la naciente Estados Unidos; es decir, poseer un mínimo de conocimientos y la habilidad para estar informado y comprender la realidad que gobierna y su entorno, la dinámica social y las tendencias del momento en que se vive. En cualquier contexto significa saber por lo menos lo fundamental del proceso histórico, de la realidad actual del país y del mundo y las tendencias que apuntan a la globalización y a la "lugarización", de la composición de la sociedad y de sus sectores económicos, el significado de los símbolos y valores de la comunidad. Esa cualidad tiene necesariamente que ser complementada con la capacidad de oír, de convocar y escuchar a la gente, de comprender las aspiraciones y deseos de los demás en particular de los diversos sectores que componen el municipio. La democracia es fundamentalmente participación lo cual obliga al alcalde y a los concejales a gobernar de la mano con la gente. Estas dos exigencias le permitirán ser acertado en las decisiones que tome, cometer menos errores y atender mejor sus responsabilidades.

Un tercer asunto que le da pertinencia a un alcalde es la moral y la ética, en su conducta pública y privada, así como en los contenidos concretos de la gestión que realice en términos de beneficio colectivo, de su visión de largo plazo y de las actuaciones que tiene que ver con la conquista de un futuro mejor, de su capacidad para escuchar la voz de la gente y seguir los consejos del colectivo que se manifiestan de diversas maneras. También de su vida privada porque el gobernante tiene una indiscutible función pedagógica de buen o mal ejemplo, de manera que no escapa a la condición de buen gobernante su vida íntima, la forma como se conduce, cómo domina ciertas conductas que tienen que ver con el carácter y con la virtud. Para ser buen alcalde hay que comenzar con ser buen vecino, buen padre o buena madre de familia, buen hijo, buen compañero, tener esa condición que cualifica y distingue a una persona virtuosa.

La ciudad tiene que formar ciudadanos o fracasa como proyecto de hábitat común. Las fórmulas son conocidas y destaca la formación y la educación en el hogar, en la escuela, en la comunidad y en la sociedad. Pocos obedecen porque conozcan las leyes o por temor al castigo. Se obedece porque los individuos han internalizado los valores de la convivencia mediante la interacción, el proceso de socialización tan estudiado en la sociología. Es por ello que la ciudad como sistema debe ser una totalidad educadora, civilizadora y humanizante. El civismo es más que educación y más que cultura. Es una actitud individual y colectiva que mezcla la valorización de la ciudad como herencia y modernidad, lugar y global, compromiso y responsabilidad.

Pero no solo de pan vive el hombre y la ciudad tiene que cumplir su papel de hábitat y proporcionar a sus habitantes las condiciones para una vida tranquila que les asegure el bienestar y la prosperidad. No pueden exigirse los mismos compromisos con la ciudad ni los mismos valores de ciudadanía si existen graves desigualdades, como señala Pedro Trigo. Es indispensable que exista la ilusión compartida del mayor bienestar, de un mejor porvenir, la esperanza de vivir mejor y de allí que sea un compromiso político la inclusión social, la integración plena de todos a la ciudad y que ésta brinde a todas las posibilidades de la educación y del trabajo productivo. Ya corresponde a cada quien desarrollar sus habilidades y destrezas, pero lo que no es aceptable es que la ciudad les ponga obstáculos a sus ciudadanos y le enerve la posibilidad de alcanzar el pleno desarrollo de su persona. La desilusión y la frustración generan resentimientos que abonan las ideologías extremistas y la delincuencia, y son gérmenes de las organizaciones antisociales que amenazan la convivencia. Por ello y por un elemental sentido ético y compromiso con la justicia, la política debe establecer formas para apoyar a los sectores más débiles y proporcionales herramientas eficaces para que con su esfuerzo alcancen mejores niveles de vida y tengan efectivas expectativas para un mejor futuro.

La ciudad tiene que estar preparada para asumir lo que he llamado su "cuota *de Judas*", quienes, por razones que no trataremos aquí sino muy ligeramente, no quieren o no pueden vivir en la ciudad bien porque ha fallado en ellos los mecanismos de socialización, por mala educación, por tendencias patológicas criminales, por vicios, por explícita disposición al crimen y muchas otras posibilidades de conductas contrarias a la convivencia. También la prevención debe contemplar la efectiva aplicación de sanciones a quienes sin ser delincuentes cometen actos contrarios a la convivencia. Nadie escapa a cometer actos contrarios a la tranquilidad en forma voluntaria o por mera culpa, y sobre ellos debe actuar la ciudad aplicando las sanciones morales, resguardando la disciplina y estableciendo las penas pecuniarias o policiales que corresponda de conformidad con la ley. No solo la clemencia con los criminales es un ataque a la virtud, como afirmó Bolívar en el Discurso de Angostura (siguiendo a Aristóteles) sino también la tolerancia de pequeñas infracciones o faltas que a la larga relajan la urbanidad, la corrección en el obrar, los buenos modales que son los asuntos menudos, los detalles cotidianos que le dan calidad a la convivencia.

Como señaló el estagirita, la ciudad debe tener sus mecanismos de defensa en su proceso integrador, pero siempre serán necesario un buen sistema normativo que señale las conductas contrarias a la convivencia, defina las sanciones penales, civiles y disciplinarias para quienes rompen la convivencia, y que cuente con un sistema judicial y un cuerpo de policía que imponga el orden con tolerancia cero, como lo dispuso el alcalde de Nueva York, Rudolph Giuliani en su momento.

Para que la ciudad ofrezca a sus habitantes la calidad que aspiran, su sistema político debe ser legítimo, eficiente y eficaz. La legitimidad tiene dos aspectos, siguiendo los autores más reconocidos entre ellos Ralfs (2006), Hábermas (1998) y más recientemente Michael Sandel (2018), con sus diferencias por supuesto: el origen y ejercicio del poder apegado a las normas jurídicas, por una parte, y que los ciudadanos perciban el buen desempeño y experimenten logros tangibles. Legalidad, eficiencia y eficacia, buen gobierno y buena imagen, resultados y marketing. Que el gobierno de la ciudad asegure la representación honorable de los ciudadanos, la toma de decisiones correctas, el buen funcionamiento de los servicios públicos, el goce de los derechos, una burocracia eficiente, ambiente político sano y competitivo capaz de resolver las controversias dentro de los límites de la cordura.

En cuanto a los partidos políticos y los grupos de electores, lo más probable es que la ciudad reproduzca los partidos políticos nacionales, sin que ello signifique que no surjan partidos y grupos de electores locales. En el primer caso, para asegurar el buen gobierno de la ciudad debe ser respetado el derecho de los militantes o partidarios locales a decidir sus liderazgos. Lo peor que le puede suceder a un partido político es que en la ciudad se constituyan cónsules o favoritos de dirigentes, corrientes internas o líderes nacionales, porque tienden a imponerse sin respetar los valores propios de la democracia a lo interno, anular los potenciales dirigentes que posean cualidades propias para destacar, y privilegiar incondicionales que generalmente su más destacado valor es la sumisión. La ciudad demanda que sus mejores ciudadanos asuman las responsabilidades de gobierno, y es clave que esa aspiración la comprendan los partidos políticos dándole oportunidades a los mejores. En relación con los grupos de electores, también conviene a la política local el surgimiento de iniciativas que refrescan el clima político y permiten que personas con vocación política que no tienen simpatía ni se sienten representados por partidos nacionales, se agrupen y se postulen para el ejercicio del gobierno de la ciudad. Habrá que tener cuidado con las manifestaciones de la antipolítica, recurso frecuente de advenedizos que tratan de pescar cuando la política, con demasiada frecuencia, no goza de buena reputación. Para cuidar de la buena salud del sistema político en la ciudad es indispensable los consensos fundamentales, un plan estratégico de largo plazo que debe comprender los valores de ciudadanía y los mecanismos de formación de patriotismo cívico. Desde esta perspectiva, la ciudad tiene que tener suficiente espacio en la educación y en general en los procesos de formación para el conocimiento por sus habitantes de la historia de la ciudad, de su geografía, de sus constructores y valores humanos, de su patrimonio tangible e intangible, del proceso civilizatorio y de sus instituciones. Es importante abrir espacios para que los ciudadanos sepan de sus instituciones sociales, económicas, políticas, religiosas y gremiales y el papel que desempeñan, como ser capaces de tener y emitir su opinión o juicio que les merecen. Tiene que desarrollar mecanismos para que los planes sean conocidos, discutidos, formulados y aprobados por consensos participativos. En estos aspectos es clave la institucionalidad educativa formal con sus componentes docentes, de investigación y los debates.

Las organizaciones políticas tienen sus propios males que afectan la marcha de los asuntos públicos. La más importante de las patologías urbanas se da cuando se trata de sustituir la razón, desviar el cauce natural que impone la naturaleza y la inteligente reflexión humana para imponer la voluntad de una persona o de una organización. La Campana de Gauss permite explicar bien este asunto que muestra cómo la normalidad, estandarización o promedio de las conductas humanas se hacen generalmente compatibles salvo cuando alguien de los extremos trata de imponer su voluntad. Entonces la posibilidad del conflicto es mayor, el uso de la fuerza sustituye a la conciliación y vienen las confrontaciones, incluso la guerra. La política, nada extraño a la política local, es un campo de Agramante, por lo que en ella luchan desde las ambiciones desenfrenadas hasta el burocratismo paralizante.

X. UN ASUNTO CLAVE: LA ARQUITECTURA DEL PODER LOCAL

Forma parte de este nivel político y compromete la calidad de las instituciones locales el diseño institucional del Estado, la distribución territorial del poder y su división, así como el régimen de los partidos políticos y del sistema electoral. Sobre cómo se distribuye el poder existen dos modelos básicos: el unitario y el federal, ambos con gradaciones. En los países más desarrollados y en los más grandes prevalece la forma federal o cercana a ella, como la mayoría de los estados de Europa, Estados Unidos, Canadá, México, Brasil y Argentina; mientras que en los países menos desarrollados y en los pequeños prefieren la forma unitaria, como Suecia, Portugal, Colombia, Perú y los países centroamericanos. Una excepción a destacar es Reino Unido que es unitario siendo grande y desarrollado. En cualquier caso, no es una regla, y tampoco lo es que la federación o la centralización del poder favorezcan más o menos la autonomía municipal e incrementen su poder, porque estos conceptos tienen más relación con el origen del Estado mediante alianzas de estados o territorios autónomos, en el caso de estados federales, a diferencia de los estados unitarios. Tanto los estados que han adoptado alguna forma de descentralización política tipo federativo o semejante, y aquellos que centralizan el poder en el estado nacional, ofrecen municipios más o menos autónomos. Dos casos de estados vecinos pueden ilustrar esta situación: Colombia es un Estado unitario y sus municipios son altamente autónomos, mientras Venezuela se declara federal, pero ni los estados ni los municipios tienen competencias exclusivas, los estados carecen de ingresos propios y las haciendas municipales son precarias. Lo importante en cuanto a la autonomía y el poder de los gobiernos locales no depende tanto de que el modelo sea una federación o una unión, en sus diversos grados y formas, sino que la constitución y las leyes les reconozca a los municipios autonomía para la toma de decisiones en los asuntos propios de la vida local, elijan sus autoridades, organicen sus administraciones, desarrollen sus competencias exclusivas, perciban ingresos propios, y existan mecanismos de coordinación entre los tres o dos niveles territoriales de gobierno para asegurar coherencia en la acción de gobierno.

La garantía de la autonomía municipal y su buen gobierno depende mucho del diseño del Estado y que las controversias entre municipios y otros niveles políticos sea un asunto del poder judicial. Pero también de al menos otros dos aspectos como el régimen de los partidos políticos y el sistema electoral. La existencia de partidos políticos nacionales con presencia destacada en las ciudades puede fortalecer o desnaturalizar la autonomía del gobierno local, si acompañan o no el modelo autonómico y trasladan o no a la militancia local el suficiente poder para decidir sobre su representación en el gobierno local. En este mismo sentido funciona el régimen electoral en particular hacia lo interno de los partidos y también, aunque en menor grado en la definición del sistema electoral si opta por mayoría simple o calificada, o por el sistema de representación proporcional, o sistemas mixtos que tratan de aprovechar las ventajas y disminuir las desventajas de los modelos puros. El tema de la relación entre partidos políticos y grupos de electores con el sistema electoral es de gran complejidad y propio de especialistas a quienes corresponde analizar su impacto en la calidad del gobierno local.

El Manual de IDEA Internacional sobre sistemas electorales trata este asunto, luego de analizar los sistemas electorales. En el capítulo "Elección de autoridades locales", destaca que cualquiera de los sistemas electorales puede ser utilizado a nivel local o municipal, "pero el papel específico que cumplen los gobiernos locales plantea a menudo una serie de consideraciones especiales. Debido al hecho de que el gobierno local tiene que ver más con las cuestiones de la vida cotidiana, suele dársele prioridad a la representación geográfica." (p. 169). Lo que se debe asegurar es un equilibrio, proporcionalidad o lo justo en la representación de los intereses políticos de los ciudadanos, no de gremios, y si la representación geográfica es recomendable por las características propias de la ciudad, que tal representación sea *política*, es decir, que la representación surgida de los circuitos no limite su representación al sector que lo elige sino que asuma la del conjunto de los ciudadanos, de todos, para la formación de la voluntad colectiva. Luego es importante considerar la estabilidad del gobierno local, puesto que de ello depende la gobernabilidad democrática y la calidad de la gestión, sin exceso ni debilidad en el poder del alcalde o presidente municipal ni del concejo.

El diseño o la arquitectura del poder local es definitivamente un asunto de primera importancia y existen bastante variedad en el diseño del gobierno de la ciudad que permite el análisis de sus bondades y de sus problemas. El Informe Pi Suñer es uno, como el trabajo de IDEA (2006) antes citado, o el Tratado de Derecho Municipal Peruano y de Derecho Comparado que coordinaron Germán Cisneros Farías y Orlando Vignolo Cueva (2017).

Los elementos claves son los siguientes: Si en el municipio se establece o no la división del poder entre el legislativo y el ejecutivo, si el alcalde preside o no el concejo; si los concejales son ad honorem o concejales funcionarios; si el sistema electoral es de listas abiertas o cerradas, nominal, de representación proporcional o mixto; el porcentaje de población por concejal; por circuitos o una sola circunscripción; si son resultado de postulación por partidos o independientes; si los partidos escogen sus candidatos por elección o por selección de sus directivas. Todos estos asuntos electorales tendrán efecto en la calidad de la representación política de los ciudadanos, si se dan desviaciones o no a favor de parcialidades o grupos de grupos de intereses, gremios, sindicatos y otros.

Los convencionistas de Filadelfia analizaron estas delicadas cuestiones y Hamilton lo comenta en El Federalista:

"Las causas latentes de la división en facciones tienen su origen en la naturaleza del hombre; y las vemos por todas partes que alcanzan distintos grados de actividad según las circunstancias de la sociedad civil. EL celo por diferentes opiniones respecto al gobierno, la religión y muchos otros puntos, tanto teóricos como prácticos; el apego a distintos caudillos en lucha ambiciosa por la supremacía y el poder, o a personas de otra clase cuyo destino ha interesado a las pasiones humanas, han dividido a los hombres en bandos, los han inflamado de mutua animosidad y han hecho que estén mucho más dispuestos a molestarse y oprimirse unos a otros que a cooperar para el bien común". Daniel Blanch. "El Federalista" en *Revista Foro Interno* N° 9. UCM. Madrid, p. 21.

No es fácil decidirse por uno de los sistemas electorales que ofrecen la teoría política y los miles de municipios existentes en el mundo. No obstante, las particularidades del gobierno local donde debe privar más su sentido de servicio que el solo ejercicio de poder político, el sistema electoral y los partidos políticos deben estar alineados por esa naturaleza y, en consecuencia, alcanzar objetivos más prácticos dirigidos a asegurar la tranquilidad, el bienestar y la prosperidad de sus habitantes y que cada quien encuentre en la ciudad las posibilidades reales de desarrollar su personalidad.

Quizás el método filosófico más pertinente desde Sócrates hasta Michael Sandel es preguntarse a la hora de optar por el diseño de la política local el qué, quién, cómo, cuándo y dónde. En la ciudad las respuestas están más claras que en el ámbito nacional del poder. ¿Qué? es el bienestar, ¿quién? es el municipio y su ayuntamiento, y el ¿cómo?, ¿cuándo? y ¿dónde? tendrán que definirse en los planes de desarrollo sostenible, en los planes de desarrollo territorial y urbanístico, elaborados o actualizados a los Objetivos del Desarrollo Sostenible ODS. En términos de estricta política: ¿Qué se quiere alcanzar? El buen gobierno. ¿Qué se quiere evitar? La anarquía, el desorden, la improvisación, las ocurrencias. Toda la acción del gobierno local tiene que contar con una base política, una estrategia prospectiva, una sola mirada que concilie historia, valores compartidos, vocación de la ciudad y visión de futuro revisable y actualizada cada cierto tiempo para adaptarla a los nuevos tiempos sin perder sus esencias.

Si se tienen claras estas preguntas y sus respuestas, el sistema electoral debe orientarse sobre dichos criterios y asegurar una buena y sana representación política de la ciudad, no de la política nacional, internacional ni de intereses ajenos ni parciales. Los concejales deben estar comprometidos con el proyecto compartido de la ciudad actual y futura. Se puede discrepar en el énfasis de algunas líneas tácticas, pero no ir contra las bases de la convivencia, los valores compartidos, los fundamentos históricos y culturales que han sido fraguados por generaciones. La historia enseña los peligros de los extremismos, de los fanatismos, de los reduccionismos que en la ciudad pueden tener expresión en grupos de personas que no han logrado la integración, no admiten los valores compartidos y que aun siendo minorías muy pequeñas, un mal sistema electoral puede otorgarles representación que según el sistema político y la forma de integración del ayuntamiento, pueden constituirse en factores determinantes con mucho poder.

Para que los habitantes de la ciudad ejerzan un mejor control de la gestión de sus autoridades locales lo más recomendable es el establecimiento de elecciones periódicas, en períodos cortos. Para asegurar un poco más la continuidad de las políticas públicas el mecanismo recomendable es la reelección inmediata. Cuando los períodos de gobierno son largos se opta por la no reelección, pero en el ámbito municipal no hay duda de la conveniencia, ratificada por la mayoría de los ejemplos que ofrece la realidad mundial actual, es de períodos cortos y una reelección inmediata.

122

En cuanto a la elección del alcalde o presidente del concejo, lo más recomendable y común es que sea de elección popular directa, por el mismo período y simultáneas con la elección de los concejales, de una reelección inmediata. En el ámbito local es mucho menor el riesgo de caer en abuso de poder y caudillismo, pero si hay riesgo de una excesiva personalización del gobierno local.

Dos son los modelos electorales más comunes para la elección de los concejales: El sistema de mayoría simple y el sistema de representación proporcional. Luego los hay sistemas mixtos y otros menos usados. De lo que se trata es de obtener la mayor representatividad posible y asegurar la gobernabilidad. Las siguientes explicaciones las tomo del trabajo de IDEA ya citado. El rasgo distintivo de los sistemas de pluralidad/mayoría es que normalmente utilizan distritos unipersonales o uninominales. En un sistema de mayoría simple (en ocasiones conocido como sistema de mayoría relativa en distritos uninominales) el ganador es el candidato que haya obtenido la mayor cantidad de votos, aunque esto no necesariamente signifique que obtenga la mayoría absoluta de los votos. Cuando este sistema se utiliza en distritos pluripersonales o plurinominales se convierte en un sistema de voto en bloque. Los electores tienen tantos votos como escaños a elegir y estos les corresponden a aquellos candidatos que obtienen los más altos índices de votación independientemente del porcentaje que representen. Cuando los electores votan por listas partidistas y no por candidatos individuales, este sistema se convierte en uno de voto en bloque partidista. Los sistemas mayoritarios, como el voto alternativo y la doble ronda, tratan de asegurar que el candidato ganador obtenga una mayoría absoluta (más de 50%). En esencia, estos sistemas hacen uso de las segundas preferencias de los electores para producir un ganador por mayoría absoluta si ninguno de ellos obtiene esa mayoría en la votación inicial, es decir, en la de primeras preferencias. Los sistemas de representación proporcional tratan de reducir deliberadamente la disparidad que pueda existir entre el porcentaje de la votación que le corresponde a un partido político y su porcentaje de escaños en el concejo: si un partido grande obtiene 40% de los votos, debe obtener alrededor de 40% de los escaños, y si un partido pequeño obtiene 10% de la votación, debe obtener 10% de los escaños legislativos. Con frecuencia se considera que la mejor forma de lograr la proporcionalidad es mediante el empleo de listas de partido, donde los partidos políticos presentan a los electores listas de candidatos, aunque el voto preferencial puede funcionar igualmente bien: el sistema de voto único transferible (VUT), en donde los electores ordenan a los candidatos en distritos plurinominales. Los sistemas paralelos combinan elementos de representación proporcional y de pluralidad/mayoría (e incluso otros) pero los aplican de manera independiente. (p. 30-31)

El sistema de representación proporcional de lista cerrada es conveniente en municipios pequeños y medianos, con concejos municipales integrados entre cuatro (cinco con el alcalde) y más o menos doce (trece con el alcalde) de acuerdo con la densidad de población y extensión del territorio municipal, u otras circunstancias locales. En estos casos el municipio conforma un único circuito electoral y los ciudadanos votan por listas cerradas o abiertas. Cuando los municipios son grandes y tienen concejos o ayuntamientos numerosos, hay que analizar las circunstancias particulares para lograr los dos objetivos del sistema electoral: representatividad y gobernabilidad. Posiblemente el sistema de representación proporcional pueda ser mejorado con alguna fórmula de las que ofrecen los especialistas.

De acuerdo con la experiencia y la política local comparada, conviene que el alcalde, intendente o presidente presida en concejo. No en vano es el sistema más común. Este sistema obliga al ejecutivo a estar en contacto permanente con el legislativo y de control, que además comparten la responsabilidad del gobierno de la ciudad. La dirección de los debates, la mejor integración de las diversas comisiones, el intercambio de opiniones son aspectos que mejoran la calidad de la gestión cuando existe una relación constante entre estos dos órganos del gobierno local. También facilita la interacción de políticos y técnicos, dos actores que demandan mayores y más frecuentes posibilidades de encuentro y de conciliación de puntos de vista. Otros beneficios de la unidad de mando es que evita el paralelismo, los desencuentros y la duplicidad de gastos. Puede alegarse que la presidencia municipal en manos del alcalde afecta la función de control propia del órgano colegiado, pero existen mecanismos que disminuyen este riesgo, como la separación del alcalde de la función de presidente en las sesiones de control.

Cuando el municipio es grande y complejo en ciudades de más de un millón de habitantes y municipios metropolitanos, bien porque tenga un solo municipio o uno metropolitano con municipios pequeños, es posible el establecimiento del gobierno local en dos niveles. El concejo municipal presidido por el alcalde en la cúspide del poder político, luego una comisión de gobierno integrado por el alcalde, un reducido número de concejales y los directores a quienes corresponde la gestión de la materia de que se trate. Sus propuestas pueden ir a la comisión de mesa o jefes de las fracciones políticas con representación en el concejo antes de ir al pleno. Lo importante es que se preserve la coherencia en las decisiones, y que los ciudadanos perciban que están en buenas manos, de personas preocupadas por el bienestar colectivo.

El Informe Pi i Sunyer sobre Gobierno Local en las democracias avanzadas (1996) hace un análisis comparativo de los regímenes municipales de Francia, Reino Unido, Alemania, Suecia, Estados Unidos e Italia. Las conclusiones de este exhaustivo estudio son claras: a) el municipio es una institución consolidada en occidente, con arraigo, producto de una larga evolución histórica; b) la articulación del gobierno local al Estado ha sido contradictoria y obstaculizada por la tendencia centralizadora; c) el marco normativo tiende a la homogenización, contrario a la naturaleza heterogénea del municipio; d) los procesos de descentralización de los estados han creado estructuras que reducen los espacios competenciales de los municipios; e) los municipios gestionan entre un 15 y un 45 % del gasto público consolidado; f) los fines del municipio se sostienen y fortalecen para verte-brar, estructurar y organizar la convivencia ciudadana, la cohesión y promoción de la ciudad, y sigue en su papel clásico de prestador de servicios; g) en lo político resalta la figura del alcalde en el marco de un sistema mixto donde el concejo municipal tiene autoridad; h) en lo elec-toral prevalece el sistema de representación proporcional; i) se tiende a la profesionalización de la gestión y a la creación de una dirección gerencial supeditada a la direc-ción política, más necesaria en las metrópolis; j) mayor, mejor y más eficaz participación ciudadana; k) sistemas mixtos de gestión de los servicios públicos; l) austeridad. El municipio es mucho más que una unidad administrati-va, mucho más que una organización del Estado. Es, co-mo se define desde el origen de la denominación de los romanos, una ciudad libre gobernada según sus propias ordenanzas. La definición del *Diccionario de la Real Academia de Municipio* es buena: "Entidad local forma-da por los vecinos de un determinado territorio para ges-tionar autónomamente sus intereses comunes." Es una entidad política local que ejerce el gobierno de la ciudad, por lo tanto, toda ciudad, independientemente del núme-ro de habitantes, tiene derecho a la libertad política, que se expresa en un gobierno propio. Es la libertad política que se concreta en una forma de gobierno exclusiva de las ciudades. Como la familia es la asociación natural bá-sica de la sociedad, los asuntos familiares deben ser atendidos dentro de ella. Así, el municipio es la unidad política primaria de la sociedad para el gobierno local, con lo cual los asuntos de la ciudad deben ser atendidos dentro de ella. En uno y en otro caso el Estado es garantía de que las cosas funcionen dentro de lo justo y del bien, conforme a las normas. La autonomía política de la ciudad le asegura la potestad de dictar sus normas. Por ello el gobierno de la ciudad debe ser una responsabilidad de los ciudadanos, que lo deben ejercer en conjunto, como soberanía, y la expresión de esa potestad de autogobierno es el municipio, que comprende a sus habitantes, a su territorio y a su estructura de poder que es el concejo municipal o ayuntamiento.

No cabe en el ámbito local la discusión sobre la división ni separación de los poderes por cuanto no se trata de evitar la tiranía, como lo han explicado infinidad de teorías políticas dentro de las que destacan las tesis de Aristóteles y Montesquieu, por solo nombrar los dos más destacados. La búsqueda de la eficiencia y de la eficacia, y que política, técnica y ciudadanos desempeñen sus respectivos papeles no justifican las propuestas de división del poder en el ámbito local. Lo que procede es el diseño institucional del gobierno local tomando en consideración a los tres factores, de modo que cada uno encuentre acomodo y cumplan las responsabilidades que les corresponde.

El gobierno de la ciudad le corresponde a un ayuntamiento o concejo. También debe tener un alcalde, intendente o presidente municipal de elección directa o nominal, salvo en los municipios pequeños donde quien preside puede ser de elección anual de los concejales. Insisto en que el territorio es la ciudad. Su historia milenaria dice mucho de sus fortalezas y de su capacidad para asimilar los cambios que le han permitido subsistir y ser hoy tanto o más actual. La clave de su longevidad es que asegura a la ciudad un gobierno colegiado, democrático, cercano y útil. Cuando uno de estos fundamentos falla, las consecuencias las sufren los habitantes de la ciudad y estará en sus manos la rectificación mediante el ejercicio de la ciudadanía. De los análisis que he realizado estimo que deben distinguirse los gobiernos de los pequeños y medianos municipios de los grandes y metropolitanos.

En los primeros son más exitosos, eficientes y eficaces los gobiernos municipales de concejo con un alcalde o presidente municipal elegido preferiblemente en forma directa, o por los concejales en forma indirecta. En los segundos por su magnitud y complejidad son exitosos los gobiernos de concejo municipal, alcalde elegido en forma uninominal que preside el concejo y es el jefe de la administración, que puede contar con una instancia, tipo comisión de gobierno, integrado por concejales y altos funcionarios expertos, que le asegura direccionalidad, coherencia y continuidad a la gestión de la ciudad, como se dijo. En los municipios metropolitanos resulta conveniente la consideración de espacios naturales con autogobierno y la formación de un gobierno por sobre ellos. También es conveniente la organización de un nivel gerencial que dé cuenta al nivel político.

XI. APROXIMACIÓN A UNAS CONCLUSIONES

Hay un asunto de particular importancia que tiene que ver con la calidad de la política local, de los políticos y de los gobernantes municipales. Los partidos políticos son las organizaciones responsables de la escogencia de los candidatos que proponen a los ciudadanos, que lo pueden hacer mediante distintos procedimientos: Elecciones internas, selección por mérito por las autoridades, encuestas etc. Los partidos políticos son organizaciones que tienen su propia organización, sus sistemas, sus corrientes internas, sus conflictos que evidentemente influyen en la buena o mala calidad de la oferta local. Formulo unas preguntas claves sobre este asunto: ¿Escoger candidatos militantes o independientes? ¿La selección de los candidatos es local o nacional? ¿Tienen poder de veto las instancias provincial o nacional? ¿Cómo juegan los factores de género, étnico, religioso, de sectores de la sociedad con intereses particulares? ¿Los candidatos se eligen o son designados por los directivos del partido? ¿Los candidatos tienen liderazgo propio o son cónsules o representantes de corrientes internas? ¿Quién decide el aval? Es evidente que las elecciones internas, abiertas o cerradas sólo a los inscritos en la organización le aportan a las candidaturas una mayor legitimidad de origen, pero puede dejar secuelas negativas como falta de motivación de los perdedores para participar en la campaña, además de divisiones y enfrentamientos. La mejor forma de evitar estas confrontaciones es la ponderación previa de las condiciones para competir como el conocimiento de la ciudad, la reputación de que goza cada aspirante a su postulación, el conocimiento que tienen los ciudadanos de sus actividades profesionales o ciudadanas, su simpatía personal y cualquier otro atributo que convenga para el triunfo.

Y es imprescindible que el proceso de selección sea transparente y facilite la expresión libre de quienes tienen el derecho a ello. Es un asunto muy complejo.

Luego la gestión debe evitar el "spoil system" o de reparto del botín. Una mala práctica bastante frecuente es la asignación de cargos, contratos y beneficios a familiares, amigos, partidarios y financistas. Esto se evita mediante un sistema normativo que defina claramente las incompatibilidades, reduzca los cargos de libre nombramiento a sólo los del primer nivel político y a los del servicio inmediato del alcalde. En cuanto a las contrataciones de obras y servicios lo que se impone es la transparencia, buenos mecanismos de control tanto político como administrativos claramente establecidos en los procedimientos.

Un tercer aspecto es el de la gestión, que si bien requiere que el gobernante deje notar su impronta política e incluso personal, debe ceñirse a los planes prospectivos de largo plazo, como el plan de desarrollo económico y social sostenible, los programas de ordenación del territorio y del urbanismos, y los proyectos en ejecución, de manera que se asegure la realización del proyecto colectivo acordado en su momento. El énfasis personal y político en la gestión de un gobierno local tiene límites más precisos que en otros ámbitos. No se puede gobernar por ocurrencias, ni con ataduras que provienen del culto a la personalidad, ni con sumisión a intereses ajenos a los de la ciudad.

Para Aristóteles, de lo primero que deben ocuparse los habitantes de la ciudad es de las subsistencias. La ciudad es el lugar para vivir y es indispensable a la vida contar con una economía productiva que genere riqueza en calidad y cantidad como para que todos sus habitantes vivan felices, tranquilos y prosperen.

Los Objetivos del Desarrollo Sostenible ponen las subsistencias en lenguaje actual. Hábitat III los concreta y reduce al ámbito de la ciudad, cuando establece los siguientes principios:

1: El crecimiento y el desarrollo económico urbanos deben ser inclusivos.

2: El crecimiento y el desarrollo económico urbanos deben producirse en un marco sólido de derechos. Concretamente:

a) El derecho de todos a la ciudad, incluido el derecho de los grupos marginados al acceso equitativo a los servicios y recursos públicos;

b) El derecho de todos al trabajo decente y las oportunidades económicas productivas;

c) El derecho de todos a viviendas, infraestructura y servicios urbanos adecuados;

3: El crecimiento y el desarrollo económico local deben contribuir al desarrollo sostenible nacional. Una economía urbana inclusiva y próspera también reconoce la importancia de equilibrar el crecimiento económico con la sostenibilidad ambiental, apoyando la innovación en la economía verde, con la cohesión urbana, reduciendo las desigualdades sociales y territoriales;

4: El crecimiento y el desarrollo económico urbanos deben habilitar, no destruir, medios de vida informales. La estrategia de desarrollo económico debe destinarse a facilitar varias vías a través de las cuales los empresarios y trabajadores informales puedan formalizarse, ampliar sus negocios, aumentar su productividad y ascender en la escala económica.

Para lograr esos principios, las ciudades necesitan que se den las siguientes condiciones propicias y de apoyo: a) Instituciones locales, regionales y nacionales bien gobernadas y que rindan cuentas; c) Diálogos sobre políticas y alianzas entre el gobierno local, el sector privado y organizaciones de la sociedad civil, incluidas las de trabajadores, que promuevan la inversión, el empleo productivo y decente, el crecimiento de la riqueza y la seguridad para todos los ciudadanos; d) Infraestructura física y social que refuerce los factores productivos y ayude a mejorar la calidad de vida de los residentes; e) Apoyo a la innovación y el emprendimiento, dos ingredientes necesarios del cambio estructural en la economía urbana que están supeditados al contexto educativo, empresarial y cultural de la ciudad y facilite y fortalezca la pequeña y mediana empresa.

De la fortaleza de la economía de la ciudad dependerá la fortaleza de las finanzas públicas, cuya fuente principal de ingresos debe ser los ingresos propios tributarios porque garantizan una mayor amplitud de su autonomía política. Cuatro son los pilares sobre los que se sostienen las finanzas locales: a) Reglas y políticas claras de largo plazo; b) Ingresos suficientes; c) gastos pertinentes, que correspondan a los objetivos, programas y proyectos definidos en los planes de desarrollo y de ordenación territorial y urbanística; y d) gestión que supone planificación, administración eficiente, control y transparencia.

La actividad administrativa es otro componente del gobierno local que impacta en forma positiva o negativa en su calidad del gobierno. Está conformada por normas de ámbitos fuera del municipio como son el nacional y el provincial, que deberían limitarse a establecer un marco general que deje suficiente espacio a las ordenanzas, los sistemas y procedimientos, la actividad administrativa y el régimen de los servicios públicos.

Si bien el Derecho Administrativo forma parte del sistema jurídico nacional con elementos de la dogmática jurídica, de rango constitucional y de los principios generales de esta especialidad, como lo estableció la Constitución Provincial de Mérida, Venezuela sancionada el 31 de julio de 1811, quizás la primera republicana de América, "las normas de las ordenanzas deben dictarla la prudencia". Ni la fría imposición de la ley que recomienda el positivismo jurídico con su tesis del "imperio de la ley", ni la flexibilidad extrema del relativismo tan caribeña que no garantiza el orden.

Los fines de la norma constitucional son el bienestar y la prosperidad, o como lo consagra la Constitución de Ecuador, "el buen vivir", y esos deben ser también los fines de las normas locales desarrolladas para que los ciudadanos vivan tranquilos, desarrollen a plenitud su personalidad y realicen sus sueños, mediante el establecimiento de unas pautas dentro de las cuales puedan convivir las personas y funcionar adecuadamente sus instituciones. Se trata de colocar en primer lugar a las personas, sus familias y las comunidades donde viven, nunca ni los intereses de los gobernantes ni de las estructuras de poder, ni del aparato administrativo burocrático. Todo al servicio de los ciudadanos. Alcanzar una buena calidad de vida en la ciudad es un asunto sumamente complejo que abarca muchos componentes como lo desarrolla Morín (2011) de manera pormenorizada sin tocar el tema central que nos ocupa ahora sobre la calidad de la política.

Por último es importante que el municipio cuente con espacios de calidad, ubicados según el principio de la centralidad de modo que sean elementos de identidad e instrumentos de cohesión, con diseño que favorezca el encuentro entre políticos, funcionarios y ciudadanos y limite la avaricia propia de la burocracia. El arquitecto español Rafael Moneo ha diseñado espacios políticos como el Ayuntamiento de Logroño en España, en donde la mesa de los concejales forma una herradura que une al cuerpo, en un espacio separado, pero de acceso audiovisual a los ciudadanos que se ubican en un anfiteatro que sirve a la población para la representación de obras y conciertos, ubicado en el centro histórico de la capital del vino de Rioja. También hay que revalorizar las viejas casonas consistoriales donde existan, porque contribuyen a preservar la memoria histórica. Es importante que la sede del gobierno local tenga la dignidad propia de la representación de la soberanía popular. También es fundamental que las ciudades grandes y extensas se organicen en pequeños municipios con uno mayor, y se definan centralidades que le aporten coherencia a cada lugar y vincule a todos a la centralidad mayor. Un buen ejemplo es Montreal que tiene un centro histórico que llama a todos los habitantes de la gran ciudad, y centros locales que convoca a los habitantes de sus distintos municipios menores. En América son buenos ejemplos Lima en el Perú y la Mérida de Yucatán, sólo para nombrar dos de los más conocidos. De lo que se trata es de revalorizar los espacios públicos tradicionales como las plazas y los parques, de modo que compitan con las nuevas centralidades de los grandes espacios comerciales que hacen énfasis en el consumo y no en la ciudadanía.

Hoy los espacios virtuales son de primera importancia, de modo que por la Web los ciudadanos tengan acceso a la información y puedan realizar sus trámites, sin menoscabo del contacto personal para quienes deseen intercambiar con sus servidores públicos. Las nuevas tecnologías en las administraciones locales son un gran desafío al Derecho Administrativo Municipal que imponen nuevas formas de regulación que garanticen la seguridad jurídica y libere a la administración de la rigidez que enerva su eficiencia y su eficacia.

Si la ciudad requiere de nuevos paradigmas administrativos, las antiguas y venerables estructuras del municipalismo han sabido recibir y asimilar las innovaciones de los nuevos tiempos. La administración de la ciudad, ya entrado el siglo XXI, demuestra su fortaleza y la inagotable capacidad de aprovechar los grandes cambios ocurridos desde la antiquísima 'ciudad sumeria de Ur' hasta hoy. La globalización, las nuevas tecnologías, los viejos y nuevos desafíos son retos para el municipio que seguirá siendo en su esencia el buen gobierno de los ciudadanos y la garantía de su bienestar y prosperidad.

Hoy, en general, los municipios gozan de buena salud, siguen teniendo un alto grado de aprecio entre los ciudadanos y garantizan un buen nivel de gobernabilidad. El crecimiento urbano, la metropolitanización y la globalización les impone nuevos retos que les obliga a ampliar la cooperación, los intercambios y aprovechar el aprendizaje que ofrece la historia del municipio, en medio de un mundo de cambios vertiginosos. El mundo del futuro es un mundo de ciudades y el municipio seguirá siendo la mejor expresión del poder de los ciudadanos.

De la mano de Aristóteles he querido poner por delante la *polis,* la ciudad como compromiso de sus habitantes. Un compromiso que es ético, la virtud que induce a una actitud que supone unas bases culturales sólidas con valores que son absolutos, interdependientes, universales, cualitativos, confrontados a los antivalores; valores lógicos unos, estéticos otros y todos éticos. Valores tan elementales como lo bueno, lo justo y lo bello. Más en términos de convivencia como el amor, la honestidad, la responsabilidad, la gratitud y el respeto. Los valores son absolutos, pero su calidad o expresión concreta en una determinada sociedad depende del proceso de socialización en el que juega un papel determinante la calidad de la política, mucho más en la ciudad que es donde se realiza, como ya se ha dicho, la existencia humana. En consecuencia, es clave para el bienestar y la prosperidad de los habitantes de la ciudad una revalorización de la política, que no es asunto de meros buenos deseos y buenas intenciones, sino de la educación de calidad, trabajo productivo e instituciones bien diseñadas que alienten a todos a la participación en el gobierno de la ciudad, a empoderarse de ella y asumir los liderazgos, para lo cual es absolutamente necesaria la plena libertad y la democracia más transparente.

Concluyo con una frase de Francisco González Cruz (2019):

> "Vamos al grano: aunque sean muy diversos y complejos los factores que llevan a la prosperidad, es la calidad de las relaciones entre las personas la que determina muy centralmente su capacidad de evolucionar hacia el bienestar. Eso se llama "capital social", que es la densidad y a la calidad de las interacciones sociales de una comunidad.

> Se trata del grado de convivencia, el clima de confianza, la conciencia cívica, las virtudes ciudadanas, la solidaridad, la sensación de seguridad y otros asuntos relacionados con sentirse a gusto en la sociedad en que se vive. También el grado de organización de la gente en torno a los asuntos que le interesan como la vida en el sitio de residencia, el estudio de los hijos, la cultura, la recreación y el deporte, la ayuda a los demás, la protección del ambiente, el culto religioso y muchos otros temas. También se refiere a la intensidad y calidad de las relaciones entre las personas y esas organizaciones intermedias y de base, así como la calidad de las conversaciones y los relatos que se narran." (p. 53).

Este debe ser el fin central de la política en la ciudad: conquistar cada vez más capacidad y autonomía de acción de cara a los niveles altos del Estado para aumentar las posibilidades de mejorar la calidad de la política y centrarla en el bienestar, de asumir que, en el presente y hacia el futuro, el ámbito de la política, la más cercana y la más útil, en el más puro sentido aristotélico, es la ciudad. Ampliar sus espacios de relaciones con otros actores de la sociedad globalizada y lugarizada. En fin, que más que acumulación de riqueza se trata de generar bienestar, contribuir en la construcción de un ecosistema humanizante donde se realice a plenitud la condición humana.

BIBLIOGRAFÍA

Academia Nacional de la Historia. *Las Constituciones provinciales. Estudio preliminar por Ángel Francisco Brice*. Caracas 1959.

AGUIAR, Asdrúbal. *Calidad de la Democracia y Expansión de dos Derechos Humanos. Cuadernos de la Cátedra Mezerhane sobre Democracia, Estado de Derecho y Derechos Humanos*. Miami Dade College. Ediciones EJV International. Miami 2018.

ARISTÓTELES. *La Política*. Espasa-Calpe. Madrid 1974.

Autores diversos. *Informe Pi i Sunyer sobre Gobierno Local en las democracias avanzadas*. Fundación Carles Pi i Sunyer. Barcelona 1996.

Banco Interamericano de Desarrollo BID. *Guía metodológica del Programa de Ciudades Emergentes y Sostenibles*, 2016.

_____ . *Monografía del BID. El nuevo manual de IDEA Internacional*. Instituto Federal Electoral. México 2006.

BERGOGLIO, J.M. "Dios Vive en la Ciudad". Buenos Aires 2011. Fuente: AICA http://es.catholic.net/op/articulos /433 53/dios-vive-en-la-ciudad.html

BLANCH, Daniel. "El Federalista". En *Revista Foro Interno* N° 9. UCM. Madrid 2009.

BLÁZQUEZ, José y otros. *El Municipio: Historia de los servicios urbanos*. Grupo FCC. Madrid 2003.

BOLÍVAR, Simón. *Carta de Jamaica. Escritos del Libertador*. Litetecnia. Caracas 1978.

BORJA. J. *La ciudad conquistada*. Alianza Editorial. Barcelona 2003.

BREWER-CARÍAS, Allan . *La ciudad ordenada*. Editorial Arte. Caracas 2006.

BRICEÑO IRAGORRY, Mario. *Discursos académicos y tribuna patria e historia*. Biblioteca de Temas y Autores Trujillanos. Caracas 1983.

COULANGES, Fustel. *La ciudad antigua*. Panamericana. Santafé de Bogotá 1997.

Diccionario de la Real Academia de la Lengua. www. rae.es

DROR, Y. *La capacidad de gobernar*. Informe al Club de Roma. FCE. Aguilar. México 1996.

FORSTHOFF, Ernst. En: *Höffe Otfried y otros*. Panorama de Filosofía Política. Contribuciones alemanas. KAS. Bonn 2002.

Francisco. Laudato-si 2015. http://w2.vatican.va/content/francesco/es/encyclicals/documents/papa-francesco_20150524_enciclica-laudato-si.html.

FUKUYAMA, Francis. *Confianza*. Ediciones B. Barcelona 1998.

Fundación Carles Pi I Sunyer. *Informe sobre Gobierno Local en las democracias avanzadas*. Imprenta Municipal. Barcelona 1996.

GONZÁLEZ CRUZ, Fortunato. "Contribución al Estudio de las Ideas Políticas de la Constitución de la Provincia de Mérida de 1811". En *La Rebelión de las Provincias. El libro del bicentenario de la Provincia de Mérida*. Portatítulo. Mérida 2011.

——————————. *El Gobierno de la Ciudad*. Portatítulo. Mérida 2014.

GONZÁLEZ CRUZ, Francisco. *Globalización y Lugarización*. CIEPROL. La Quebrada 2002.

——————————. Desarrollo local y lugarización. Fondo Editorial Universidad Valle del Momboy. Valera 2019. Disponible en www. Uvm.edu.ve

HÁBERMAS, Jürgen. *Facticidad y Validez*. Trotta. Madrid 2010.

HÖFFE, Otfried y otros. *Panorama de Filosofía Política*. Contribuciones Alemanas. KAS. Bonn 2002.

IDEA. *Sistemas Electorales. Instituto Federal Electoral*. Tlalpan, México D. F. 2006

ISAZA, Fabio. *Ciudad y crisis. Un nuevo paradigma.* Tercer Mundo S.A. Bogotá 1999.

LVOV, Georgy. *Aristóteles y la definición científica de la ciudad-estado.* Intus-legere filosofía Vol. 10, N° 1, 2016

MAX NEEF, Manfred. *Desarrollo a escala humana,* Editorial Nordan-Comunidad. Montevideo 1993.

MATURANA, Humberto. *La realidad ¿Objetiva o construida?.* Ed. Anthropos. Barcelona 1997.

Morín, Edgar. *La Vía para el futuro de la humanidad.* Barcelona. Buenos Aires. México 2011. (PAIDÓS).

MUMFORD, Lewis. *La cultura de las ciudades.* Pepitas de calabaza editores. Logroño. España 2018.

——————————. *La ciudad en la historia. Sus Orígenes, Transformaciones y Perspectivas.* Pepitas de calabaza editores. Logroño. España 2018.

ORDUÑA REBOLLO, E. *Municipios y Provincias: Historia de la organización territorial española.* Centro de Estudios Políticos y Constitucionales. Madrid 2003.

RALFS, John. *Teoría de la justicia.* FCE. México 2006.

RIVAS, LEONE, José Antonio. "Institucionalismo, neoinstitucionalismo y calidad de la democracia". *En Provincia,* núm. 33, enero-junio, 2015, pp. 87-127. Universidad de los Andes. Mérida Venezuela 2015.

SANDEL, Michael. (2018) https://www.ted.com/talks/michaelsandelthelostartofdemocraticdebate?

SAVATER, Fernando. *La aventura de pensar*. Mondadori. Barcelona 2008.

SCHMITT, Carl. *El Estado como integración. Una controversia de principio*. Editoriales Tecnos. Madrid 1997.

SENNET, Richard. (Traducción de Silvina CUCCHI en *Revista Pensamiento Urbano*. p. 26 y ss) 2016. http://revistapensamientourbano.blogspot.com/

SJOBERG, Gideon. *Origen y evolución de las ciudades*. La Ciudad, Alianza Editorial. Madrid 1967.

Sociedad Bolivariana de Venezuela. *Escritos del Libertador*. Tomo VIII. Editorial Arte. Caracas 1972.

SUAREZ, Francisco. *De Iuramentus Fidelitatis*, Editorial CSIC - CSIC Press. Madrid 1979.

TEILHARD DE CHARDÍN, Pierre. *El Medio Divino*. Trotta. Madrid 2008.

TOQUEVILLE, Alexis de. *La democracia en América*. FCE. México 1973.

TRIGO, Pedro. *La cultura del barrio*. UCAB. Fundación Centro Gumilla. 2008. 2ª edición. Caracas 2008.

VIGNOLO, C. (Orlando) El principio de subsidiariedad social y sus principales consecuencias en el derecho peruano. Liberalización de sectores y surgimiento de la organización regulatoria. 2017. Tomado de https://dialnet.unirioja.es/servlet /tesis?codigo=145332,

VILLEGAS, J. L. *Doscientos años de municipalismo*. UCAT. San Cristóbal. Venezuela 2010.

WEBER, Max. *Economía y sociedad. Esbozo de sociología comprensiva.* Trad. J. Medina Echavarría, ed. J. Winckelmann, FCE, México 1964.

——————————— "El Político el Científico". Documento preparado por el Programa de Redes Informáticas y Productivas de la Universidad Nacional de General San Martín (UNSAM). http:\\www.bibliotecabasica.com.

WordReference. http://www.wordreference.com/definicion /confianza

ÍNDICE GENERAL

www.ingramcontent.com/pod-product-compliance
Lightning Source LLC
Chambersburg PA
CBHW020707270326
41928CB00005B/301